Anna Achmatowa
Im Spiegelland

Serie Piper
Band 833

Zu diesem Buch

Die hier vorliegende Auswahl aus den Gedichten der unbestritten größten russischen Dichterin, Anna Achmatowa, erschließt weitgehend ihr Gesamtwerk. Sie umfaßt Übersetzungen berühmter Gedichte aus allen Schaffensperioden und Sammlungen sowie die vollständigen Zyklen »Mitternächtliche Verse«, »Nordische Elegien«, »Cinque« und »Requiem« und spiegelt so die Entwicklungen, die die Dichterin während ihres langen Schriftstellerlebens durchgemacht hat.

Am Anfang steht die Liebeslyrik, die mit ihrer konkreten, alltägliche Gegenstände verwendenden Motivik den zeitgenössischen Symbolismus hinter sich ließ. Anna Achmatowa weist sich schon hier als Meisterin der kleinen Form und der epigrammatischen Verkürzung aus: Ein Brief, eine bestimmte Gebärde werden zu persönlichen Chiffren für eine komplexe dramatische oder elegische Situation. Im Lauf der Jahre verstärken sich die tragischen Töne, bis das Bild der klagenden Prophetin das der liebenden Frau abgelöst hat. Bei aller Verschiedenartigkeit des Früh- und des Spätwerks ist bei näherer Betrachtung die organische Verwandtschaft aber doch unübersehbar: Die Leidens- und Ausdrucksfähigkeit entfaltet sich aus der ganz intimen in eine welthistorische Sphäre; die persönliche Chiffrensprache verwandelt sich in ein Reden in Zitaten aus der Kultur- und Literaturtradition; aus dem Leiden an der Liebe ist ein Leiden und Sprechen für eine ganze Nation geworden.

Anna Achmatowa (eigentlich Gorenko), geboren 1889 in Bolschoj Fontan/Odessa, gestorben 1966 in Domodedowo/Moskau. Verbrachte ihre Jugend in Zarskoje Selo bei Petersburg. 1910–18 mit dem Lyriker Nikolaj Gumiljow verheiratet. Sie beide und Ossip Mandelstam begründeten 1912 den russischen Akmeismus. 1912–22 Veröffentlichung von fünf Gedichtsammlungen, danach bis 1958 die meiste Zeit Publikationsverbot, währenddessen wissenschaftliche Arbeiten und Übersetzungen. Ab 1958 teilweise Veröffentlichung ihres Spätwerks. 1964 Etna-Taormina-Preis. 1965 Ehrendoktor in London.

Anna Achmatowa

IM SPIEGELLAND

Ausgewählte Gedichte

Herausgegeben
von Efim Etkind

Piper
München Zürich

ISBN 3-492-10833-4
Neuausgabe 1988
2. Auflage 3.–6. Tausend April 1988
(1. Auflage, 1.–4. Tausend dieser Ausgabe)

Umschlag: Federico Luci,
unter Verwendung des Gemäldes
»Anna Achmatowa« (1922) von Kuzmá Petrov-Vodkin
(Museum für Russische Kunst, Leningrad)
Satz: Kösel, Kempten
Druck und Bindung: Clausen & Bosse, Leck
Printed in Germany

AUS DEM BAND »DER ABEND«
1912

La fleur des vignes pousse,
Et j'ai vingt ans ce soir.
André Theuriet

Die Liebe

Bald zaubert, zum Knäuel gerollt,
Sie dicht unterm Herzen als Schlange,
Bald gurrt wie ein Täubchen sie hold
Am schimmernden Fenster so lange.

Bald funkelt sie strahlend im Tau,
Wie Levkojenduft kann sie rühren...
Doch wird sie geheim und genau
Von Freude und Ruh dich entführen.

Wie süß sie zu schluchzen versteht
Im Geigengebet von Orchestern –
Doch schrecklich, wenn man sie errät
Im Lächeln, noch unbekannt gestern.

24. November 1911 · Zarskoje Selo

Braun der Knabe und streift durch Alleen,
An den Ufern saß er und sann,
Ein Jahrhundert lang schlägt sein Gehen,
Das kaum hörbar ist, uns in den Bann.

Fichtennadeln, spitz allerwegen,
Überdecken Baumstumpf und Land,
Hier genau hat sein Dreispitz gelegen,
Von Parny ein zerlesner Band.

24. September 1911 · Zarskoje Selo

Hinterm Schleier, da rang ich die Hände,
Sag, wovon bist du heute so bleich?
– Weil mit Trauer ich ohne Ende
Ihn erfüllt, einer Trunkenheit gleich.

Wie vergess' ich's? Er schwankte bedenklich,
Und gequält sich sein Mund noch verzog.
Des Geländers nicht achtend, so eilt' ich,
Bis zum Tor hinterher ich ihm flog.

Außer Atem: Ein Scherz nur, so schrie ich,
Was mal war. Wenn du gehst – Tod beginnt!
Und er lächelte sacht, fast unheimlich,
Sagte ruhig nur: Steh nicht im Wind!

8. Januar 1911 · Zarskoje Selo

Lied von der letzten Begegnung*

(1)

Wie vereist meine Brust, wie beklommen,
Meine Schritte jedoch hielten stand,
Und den Handschuh, von links abgenommen,
Den zog ich rechts auf die Hand.

Mir erschienen es sehr viele Stufen,
Aber drei nur, die kannt' ich hier.
Unterm Ahorn herbstliches Rufen
Flüstert leise: Stirb mit mir!

Ich bin trostlos und ringsum geschlagen
Durch mein böses, mein falsches Geschick.
O mein Liebster! so ging mein Klagen,
Ich doch auch, ich sterb', kein Zurück...

Dies die letzte Begegnung – im Liede,
Und ich sah auf das dunkle Haus,
Nur vom Schlafzimmer, gelblich-trübe,
Da schien Licht von Kerzen heraus.

(2)

Mir war kalt, und ich glaubte zu sinken,
Doch die Schritte – sie waren gewandt.
Und ich streifte den Handschuh der linken
Hin über die rechte Hand.

Mir erschienen so zahllos die Stufen;
Doch ich wußte: Es sind nur vier!
Aus dem Ahorn herbstliches Rufen
Bat mich flehend: Stirb doch mit mir!

Grausam-launisch hat stets betrogen
Mich das Schicksal; es gab nur Leid.
Ich bin auch, rief ich aus, belogen;
Laß uns, Liebster, sterben zu zweit...

* Dieses Gedicht bringen wir in vier verschiedenen Übertragungen.

Dies das Lied der letzten Begegnung!
Dieses Haus war so schwarz und kahl.
Nur im Schlafgemach, gelb, ohne Regung
Brannten Kerzen, gleichgültig-fahl.

(3)

Frost im Herzen, hilflos, durchzog mich,
Doch leicht blieb mein Schritt und gewandt.
Auf meine rechte Hand zog ich
Den Handschuh der linken Hand.

Ach, es schienen so viele Stufen,
Und ich wußte, es sind nur drei!
Aus dem Ahorn ein herbstliches Rufen
Bat mich: Stirb mit mir! Steh mir bei!

Mich betrog stets böser und trüber
Wetterwendisch das Schicksal hier.
Und da rief ich: Mein Lieber, du Lieber!
Mich ja auch. Ich will sterben mit dir...

Hör das Lied der letzten Begegnung.
Völlig dunkel das Haus vor mir stand.
Nur im Schlafgemach, gelb, ohne Regung,
Haben gleichgültig Kerzen gebrannt.

(4)

Meine Brust war so hilflos erkaltet,
Die Schritte jedoch waren leicht.
Meinen linken Handschuh hatte ich
Auf die rechte Hand gestreift.

Mir schien, als wären's viele Stufen,
Dabei wußt' ich, es waren nur vier.
Raschelnd hörte den Herbst ich rufen
Zwischen Ahornen: Stirb mit mir!

Unbeständig, trostlos und trübe
Ist mein Schicksal, das mich betrog!

Auch das meine, sprach ich, mein Lieber!
Und ich gehe mit dir in den Tod!

Das ist das Lied der letzten Begegnung.
Ich warf aufs dunkle Haus einen Blick.
Nur im Schlafzimmer brannten Kerzen
Mit gleichgültig gelbem Licht.

29. September 1911 · Zarskoje Selo

Kleines Lied

Von der Liebe sing' ich Lieder,
Wenn der Himmel blaut,
Knie in meinem Garten nieder,
Jäte dort das Kraut.

Reiß' heraus und töte Leben,
Möge niemand schaun,
Seh' ein Mädchen barfuß stehen,
Weint am Gartenzaun.

's schaudert mich vor Jammerkünsten,
Vor dem Klang der Not,
Immer stärker warmes Dünsten
Von des Krautes Tod.

Werd' statt Brot wohl Steine sehen,
Mir zum bösen Lohn,
Über mir nur Himmelshöhen,
Mit mir deiner Stimme Ton.

11. März 1911 · Zarskoje Selo

Sitzt ein Käuzchen, grauer Murr,
Eingestickt im Kissen,
Schnurr nicht, Murr, denn vom Geschnurr
Will der Ohm nichts wissen.
Brennt das Licht schon viel zu lang,
Mäuschen nagt beflissen.
Mir ist vor dem Käuzchen bang,
Warum sitzt's im Kissen?

1911 (?)

AUS DEM BAND »DER ROSENKRANZ«
1914

Verwirrung

1

Es war dumpf von dem Lichte, das brannte.
Sein Blick war wie Strahlen so rein.
Ich bebte nur; ich erkannte:
Er kann mein Bändiger sein.
Er neigte sich – will etwas reden ...
Aus dem Antlitz wich mir das Blut.
So sei's, daß auf meinem Leben
Als Grabstein die Liebe ruht.

2

Du liebst mich nicht, schaust mich nicht an?
Verfluchter, mit schönen Zügen!
Auch ich kann nicht fliegen hinan
Und konnte als Kind doch fliegen.
Den Blick hüllt Nebel mir ein;
Gesichter und Dinge zergehen.
Die rote Tulpe allein
Ist bei dir im Knopfloch zu sehen.

3

Wie's gebieten einfache Regeln,
Bist du lächelnd zu mir gekommen,
Und dann hast du halb zärtlich, halb träge
Meine Hand zum Kusse genommen. –
Und aus rätselhaft-alten Zeiten
Hat dein Blick meinen Blick gefunden ...

Und zehn Jahre Erstarrung und Leiden,
Aller Nächte schlaflose Stunden
Legt' in *einem* Worte ich nieder,
Und ich sprach es leise – vergebens.
Du gingst fort. Und in mir war wieder
Die Leere und Klarheit des Lebens.

1913

Spazierfahrt

Die Feder streifte das Dach in dem Wagen.
Ich blickte in seiner Augen Paar.
Mein Herz war traurig und voller Fragen
Nach dem, was Grund der Trauer war.

Kein Wind. Es wurde, von Gram umschlossen,
Der Abendhimmel wolkig-kalt.
Und wie aus Tusche, wie zerflossen
Im Album, grau der Boulogner Wald.

Benzinduft und der Duft von Flieder.
Die Stille lauschte angespannt.
Und meine Knie berührt' er wieder
Mit einer kaum erregten Hand.

Mai 1913

Am Abend

Musik erklang im Garten leis
In solcher unnennbaren Schwere.
Es lagen frisch im Duft vom Meere
Die Austern auf der Schale Eis.

Und er berührte mein Gewand
Und sprach: Ich bin dir treu ergeben! –
Wie ohne Zärtlichkeit und Beben
War die Berührung dieser Hand.

So schaut man Katzen, Vögel an
Und so auf schlanke Frau'n zu Pferde.
Er lacht mit ruhiger Gebärde
Mich unter goldnen Wimpern an.

Und hinterm Rauche, aus dem Saal
Der Geigen Stimmen singend weinen:
Preis Gott! Es ist das erste Mal,
Daß mit dem Liebsten du alleine.

März 1913

Wie wir buhlend, verschwendend leben!
Und so düster ist unser Sinn.
Die Blumen und Vögel streben
Von Wänden nach Wolken hin.

Du rauchst aus schwärzlicher Pfeife,
Drauf seltsame Wolken stehn.
Ich zog an einen Rock mit Streifen,
Um noch schlanker drin auszusehn.

Und die Fenster verrammt für immer:
Ist Gewitter dort oder Reif?
Wie bei Katzen – ein grüner Schimmer
In deinem Blick, der mich streift.

Oh, wie Kummer mein Herz bezwinget!
Erwartet mich nicht mein Grab?
Doch die jetzt im Tanz sich schwinget,
Fährt gewiß zur Hölle herab.

1. Januar 1913

Wie zärtlich du dich auch geben magst,
Hüllst du in den Pelz mich ein,
Wie du selbst nach Zärtlichkeit streben magst,
Deine Zärtlichkeit ist doch nur Schein.
Laß das Reden, das nicht mehr beglücken kann,
Diesen kindischen Zeitvertreib;
Ich sehe es ja deinen Blicken an:
Du willst nichts als meinen Leib!

Dezember 1913 · Zarskoje Selo

Dieses Lächeln bewahre ich mir,
Das die Lippen kaum sichtbar bewegt;
Liebe selbst hat es in mich gelegt,
Und ich schenke es keinem als dir.
Wenn du böse auch bist und gemein
Und dein Auge nach anderen schaut:
Vor dem Chorpult im goldenen Schein
Knie ich neben dir, ich, deine Braut.

1913

Wieviel Bitten bei Liebsten sind –
Nicht bei denen, die Liebe verloren.
Ich bin froh, daß kein Wasser rinnt,
Unterm farblosen Eise gefroren.

Und ich trete – o Gott, hilf du mir! –
Auf die hellen, zerbrechlichen Schichten.
Doch du wahr' meine Briefe bei dir,
Daß die Nachfahrn über uns richten,

Daß nur deutlicher, klarer sie
Dich, den Weisen und Kühnen, erfassen.
Deine strahlende Biographie
Kann nicht weiß einen Zwischenraum lassen.

Allzu süß ist der irdische Wein,
Allzu dicht sind die Netze der Liebe.
Mög' ich eingetragen einst sein
In ein Lehrbuch, für Kinder geschrieben,

Und es mög' bei dem düstern Bericht
Einst mit Lächeln ein Kind an mich denken.
Du gabst Liebe und Ruhe mir nicht;
Mögest bitteren Ruhm du mir schenken.

1913

Sei gegrüßt! Hörst leichtes Rauschen
Du nicht rechts von dir?
Laß das Schreiben! Du mußt lauschen,
Denn ich kam zu dir.
Kränkst du mich, und muß ich gehen,
Wieder fortgebannt?
Kannst du wiederum nicht sehen
Meinen Blick und meine Hand?
Aus den hellen, schlichten Räumen
Treib' mich nicht an jenen Ort,
Wo die trüben Wasser schäumen
Unter düstern Brücken fort.

Oktober 1913

(1)*

Du weißt, daß ich in Knechtschaft schmachte,
Von Gott erflehend meinen Tod.
Doch stets des kargen Lands ich dachte,
Des Twersker Landes voller Not.

Am alten Brunnen, dort im Garten
Der Kranich. Wolken weiß und weit.
Und Tore, die auf Feldern knarrten,
Und Duft von Brot und tiefes Leid.

Und schwach sogar das Wehn von Winden
In diesen Weiten, düster-braun,
Und Blicke, die Verdammung künden,
Von ruhigen, dunklen Bauersfrau'n.

(2)

Du weißt, ich schmacht' wie im Gefängnis,
Den Tod erflehend von dem Herrn.
Doch schmerzhaft bleibt mir im Gedächtnis
Die karge Erde noch bei Twer.

Ein baufälliger Brunnenschwengel,
Wie Schaum die Wolken in der Luft,
Der Tore Knarren auf den Feldern
Und Wehmut und des Brotes Duft.

Und jene farbenarmen Weiten,
Wo auch des Windes Stimme schwach.
Und ruhige, gebräunte Weiber
Schaun mir mit stummem Vorwurf nach.

Herbst 1913

* Dieses Gedicht bringen wir in zwei verschiedenen Übertragungen.

Überm Zollhaus die Flagge verbleichend,
Gelbe Nebelluft über der Stadt.
Da kommt Starrheit, kommt – vorsicht'ger schleichend –
In mein Herz, und der Atem wird matt.

Als ein Mädchen sich wiederzufinden,
Das am Meeresstrand geht ohne Schuh,
Sich die Zöpfe zur Krone zu winden
Und bewegt singen Lieder dazu.

Auf die Türme, die braun sich verfärben,
Stets zu schaun von der Treppe zurück,
Nicht zu wissen, daß Herzen ersterben
Ohne Hoffnung – durch Ruhm und durch Glück.

Herbst 1913

Nach Unsterblichkeit streb' ich im Sterben.
Eine Staubwolke lastet schwer...
Mögen rot kahle Teufel sich färben,
Aus dem Trog mag's riechen nach Teer.

Kommt, ihr Listigen, hergekrochen,
Aus uralten Büchern droht!
Nur Erinnrung bleib ungebrochen,
Bleib mir ungebrochen im Tod.

Daß nicht du in der Schar der Qualen
Als ein Fremder erscheinst vor mir.
Ich will hundertfach gern bezahlen
Für das Lächeln, den Traum von dir.

Der Tod mag sich neigen und tränken
Mit durchsichtig-gift'gem Trank.
Doch die Menschen ins Grab versenken
Meinen Leib und meinen Gesang.

1912 · Zarskoje Selo

O zerknülle nicht, Liebster, mein Schreiben.
Nein, mein Freund, lies es bis zum Schluß.
Ich bin's leid, daß ich unbekannt bleiben,
Stets die Fremde dir bleiben muß.

Schau nicht finster, von Zorn besessen.
Ich bin dein, bin geliebt von dir.
Nicht als Hirtin, nicht als Prinzessin
Und als Nonne nicht stehe ich hier –

In niedergetretnen Schuhen,
Im grauen, armsel'gen Kleid ...
Doch, wie einst, Beieinanderruhen
Und vor Schrecken die Augen weit.

O zerknüll nicht mein Schreiben. Nicht klage
Um Lüge, die Schicksal war.
In der ärmlichen Tasche es trage,
Auf der Tasche Grund immerdar.

1912 · Zarskoje Selo

Der Gast

Nichts war anders als sonst. Vom Zimmer
Sah ich Flocken im Sturmwind schnein.
Und ich selber war so wie immer,
Und zu mir trat ein Fremder herein.

Was ist dein Begehren? Er sagte:
Mit dir in der Hölle sein.
Ich lachte auf und ich fragte:
Willst uns beiden du Leid prophezein?

Doch die trockene Hand erhebend
Rührte leicht er die Blumen an:
Sag, wie andre dir Küsse geben,
Wie du küßt einen andren Mann.

Und sein Auge, das trüb-erregte,
Wandt' von meinem Ringe er nicht,
Und nicht ein Muskel bewegte
Sich im leuchtend-bösen Gesicht.

O, ich hab', was ihn freut, verstanden,
Daß voll Spannung und Glut er weiß:
Er trägt nach nichts Verlangen,
Und ich geb' ihm alles preis.

1. Januar 1914

Für Alexander Blok

Von dem Dichter eingeladen,
Kam ich mittags. Es war Sonntag.
In dem weiten Raum war Stille,
Hinterm Fenster herrschte Frost,

Eine himbeerrote Sonne
Über grau-zerfetztem Rauche...
Wie der Hausherr auf mich schaute,
Schweigend mit dem klaren Blick!

Und die Augen dieses Mannes
Kann man nimmermehr vergessen.
Besser ist's, ich bin behutsam,
Schaue nicht in sie hinein.

Doch ich denke der Gespräche
Und des Rauchs am Sonntagmittag
In dem grauen, hohen Hause
An der Newa Meerestor.

Januar 1914

AUS DEM BAND »DIE WEISSE SCHAR« 1917

Dem Schmerz ist's hell auch in der Nacht
Innokentij Annenski

Meinten wir doch: wir sind Bettler und haben rein nichts,
Aber als man dann eins nach dem andern verlor,
So daß jeglicher Tag geriet
Zum Erinnrungstag,
Hob man zu dichten an
Von der schenkenden Großmut Gottes
Und von unserm früheren Reichtum.

1915

Vereinsamung

So viele Steine warf man schon auf mich,
Daß keiner mehr imstand ist, mich zu schrecken.
Der Hinterhalt erhob zum Turme sich,
Der aufragt, wo sich hohe Türme recken.
Ich danke denen, die ihn mir gebaut,
Erspart sei'n ihnen Kümmernis und Qualen:
Hier wird das frühste Morgenrot erschaut,
Hier der Triumph der letzten Sonnenstrahlen.
Und in mein Zimmer weht vom Fenster her
Ein Hauch des Nordens mit dem Wind vom Meer,
Und eine Taube frißt aus meinen Händen...
Und was ich nicht vermochte zu vollenden,
Ergänzt nun göttlich ruhig und entspannt
Der Muse leichte, sonnenbraune Hand.

6. Juni 1914 · Slepnjowo

Geschwächt ist meine Stimme, nicht mein Wille,
Ja, ohne Liebe wird mir leicht zumut.
Der Bergwind weht aus himmelhoher Stille,
Und alles, was ich sinn', ist rein und gut.

Schlaflosigkeit wacht nun an andern Betten,
Ich quäl' mich nicht, bis grau die Glut vergeht,
Und denk' nicht mehr, die Turmuhrzeiger hätten
Als Todespfeile sich mir zugedreht.

Wie des Vergangnen Macht im Herzen schwindet!
Befreiung naht. Vergeben will ich ganz,
Verfolgend, wie sich auf- und abwärts windet
Im feuchten Efeu Frühlingssonnenglanz.

Frühjahr 1912

Ah, wieder bist du da! Nicht als verliebter Knabe,
Nein, als verwegner Mann. Mit herrischem Gehabe
Kamst du in dieses Haus; wie mich dein Blick durchdrang!
Die Ruhe vor dem Sturm macht meinem Herzen bang.
Du fragst mich, was ich nur an dir verbrochen hätte,
Den Liebe und Geschick auf ewig an mich kette.
Verraten hätt' ich dich. Das wiederholst du nun –
Oh, wärst du irgendwann zu müde, es zu tun.
So spricht, des Mörders Schlaf verscheuchend, wohl der Tote;
So harrt am Sterbebett des Himmels ernster Bote.
Verzeih mir doch. Der Herr hat uns verzeihn gelehrt.
Und wenn sich auch mein Fleisch in Sehnsucht noch verzehrt,
Der Geist ist frei und ruht schon wieder unerschüttert.
Ich weiß nur noch: der Park, vom Herbstlicht zart durchzittert,
Der Schrei der Kraniche, und ringsum schwarzes Feld...
Oh, wie war mir mit dir voll Süßigkeit die Welt!

Juli 1916 · Slepnjowo

Für W. S. Sresnewskaja

Statt der Weisheit – Erfahrung, ein ekliges
Getränk, das nicht durststillend ist.
Die Jugend doch wie ein Gebet, ein unsägliches...
Ob man das je vergißt?

Wieviel verödete Straßen durchschritten sind
Mit jenem, dem ich nicht gut,
Wieviel Gebete in Kirchen gelitten sind
Für den, der mich trug im Blut...

Wurde vergeßlicher als die Vergeßlichste,
Stille, jahraus, jahrein.
Lippen, die ungeküßt, Augen, entlächelte,
Bringe ich nie wieder ein!

1914

Die Muse entschwand auf dem Pfade,
Der sich schlängelt durch herbstliche Au,
Und auf ihrer bräunlichen Wade
Glitzerten Tropfen von Tau.

Ich hatte sie lange umworben,
Auf den Winter zu warten mit mir.
Doch sie sagte: Hier wurde gestorben,
Wie kannst du noch atmen hier?

Ein Täubchen wollt' ich ihr bringen,
Das weißeste aus meinem Schlag,
Doch das Tier regte selber die Schwingen
Meiner schlanken Besucherin nach.

Ich sah ihr nach ohne Worte,
Ich liebte nur sie allein,
Und der Himmel war eine Pforte
Aus Glut – in ihr Reich hinein.

15. Dezember 1915 · Zarskoje Selo

Das Lächeln ist mir nun verflogen,
Im Frostwind ist es mir geronnen,
Um eine Hoffnung mehr betrogen,
Hab' ich ein Lied dazugewonnen.
Und dieses Lied geb' wider Willen
Ich nun dem Hohn und Spott zu eigen,
Um meiner Seele Schmerz zu stillen:
Wie könnte sie von Liebe schweigen!

April 1915 · Zarskoje Selo

N.W.N.

Geheime Grenzen gibt's im menschlich engsten Bund;
Verliebtheit, Leidenschaft kann da nicht weiterdringen,
Mag schaurig lautlos auch verschmelzen Mund mit Mund,
Und mag vor Liebe auch das Herz zerspringen.

Auch Freundschaft ist da machtlos, auch die Zeit
Selbst jahrelanger hoher Glücksgefühle,
Wenn frei die Seele bleibt, und wenn sie scheut
Das lange Siechtum süßer Sinnenschwüle.

Wahnsinnig sind, die sie erstreben, und die sie
Erreichten, müssen krank vor Schwermut enden.
Nun hast du wohl verstanden, warum nie
Mein Herz geklopft hat unter deinen Händen.

Mai 1915 · Petersburg

Verließ' uns schlichtes Fühlen, frisches Wort –
Wär's nicht, als nähm' dem Maler man das Sehen,
Dem Schauspieler das Sprechen und das Gehen,
Und einer schönen Frau die Schönheit fort?

Doch such nicht zu behalten deinerseits
Die Gaben, die der Himmel dir verliehen:
Wir sind verdammt – und wissen es – zum Blühen
Und zur Verschwendung – nicht zum Geiz.

Geh, wenn es dich zur Blindenheilung treibt,
Um dann, wenn dich der Zweifel packt, zu sehen,
Wie deine Jünger schadenfroh dich schmähen
Und ungerührt die Menge bleibt.

23. Juni 1915 · Slepnjowo

Im leeren Haus, unterm frostigen Dach,
Zähl' ich nicht die erstorbenen Tage,
Ich les' der Apostel Episteln nach,
Des Psalmisten Lobpreis und Klage.
Aber blau sind die Sterne, der Reif ist so zart,
Jedes Treffen wirkt Wunder mir wieder –
Und ein rotes Ahornblatt ist verwahrt
In der Bibel beim »Lied der Lieder«.

Winter 1915

Gottes Engel, der im Winter
Uns geheimnisvoll getraut,
Läßt von unserm unbeschwerten
Leben nicht sein dunkles Auge.

Deshalb lieben wir den Himmel,
Dünne Luft und frische Winde,
Und der Zweige schwarzes Schimmern,
Hinterm Schmiedeeisengitter.

Deshalb lieben wir die strenge,
Wasserreiche, dunkle Hauptstadt,
Die wir jeden Abschied lieben,
Jedes Treffens kurze Frist.

Winter 1914

Das gibt's doch irgendwo: das schlichte Sein,
Von heitrem, warmem Licht durchschienen...
Wo abends spricht mit seinem Mägdelein
Am Zaun der Nachbar, und es hören nur die Bienen
Die zärtlichste der Plauderein.

Wir aber leben mühsam und begehen
Die Riten unsrer bittren Rendezvous,
Wo eines unvernünft'gen Windes Wehen
Jäh unterbricht den zagen Redefluß.

Doch gäben nie wir her die prunkvoll-schlimme
Granitne Stadt mit ihrem Ruhm und Leid,
Der breiten Ströme blankes Winterkleid,
Die sonnenlose Gartendüsterkeit
Und – hörbar kaum – der Muse Stimme.

23. Juni 1915 · Slepnjowo

Schnee im Mai

Ein durchsichtiger Schleier legt sich dünn
Aufs frische Gras, um langsam zu zergehen.
Ein grausam-kalter Frühling rafft dahin
Die Knospen, die schon voll im Safte stehen.
Und der verfrühte Tod entsetzte mich,
Daß ich vor Gottes Welt die Lider senkte,
Schwer von der Trauer, womit königlich
Einst David die Jahrtausende beschenkte.

Mai 1916 · Slepnjowo

Gebet

Gib mir Siechtum durch lange Jahre,
Schlaflos, atemlos fiebernde Nacht,
Leg meinen Freund, mein Kind auf die Bahre,
Nimm meines Sanges Zaubermacht!
Darum bet' ich in Deiner Messe
Jeden angstvollen, grausamen Tag:
Daß mein Land die Stürme vergesse,
Daß im Glanz es erstrahlen mag!

Mai 1915 · Petersburg

»Schlanke Mutter, wo ist dein Sprößling,
Der so zärtlich im Arm dir lag?
Wo deines Leibes erster Schößling?
Was geschah ihm, wo blieb er, sag?«

»Der Mutter Los ist verklärte Marter.
Jeden Tag war ich festlich gestimmt,
Doch erschloß sich der himmlische Garten,
Und die Heilige nahm mein Kind.

Mir ward nicht die köstliche Würde.
Bin verirrt, erkenne mich kaum,
Meine Arme nur suchen die Bürde,
Hör' sein Weinen in meinem Traum.

Unruh treibt mich und banges Sehnen.
Acht' nicht Frühling, nicht frohen Schall,
Taste nach seiner Haare Strähnen,
Suche sein Wieglein überall.«

11. April 1914 · Petersburg

Eh Frühling wird, sind manchmal solche Tage:
Es ruht noch unter festem Schnee das Land,
Ein Rauschen tönt im heiter-trocknen Hage,
Und warmer Wind weht zärtlich und gespannt.
Dem Leib wird seine Leichtigkeit zum Wunder,
Und du erkennst dein eignes Haus nicht mehr,
Und jenes Lied, das lästig ward wie Plunder,
Singst du erregt, als wenn's ein neues wär.

Frühjahr 1915 · Slepnjowo

Wie gelb und breit der Abend steht,
April ist zärtlich kühl gekommen.
Du kamst fast ein Jahrzehnt zu spät,
Und dennoch heiß' ich dich willkommen.

Nun setz dich näher her zu mir,
Und schau mit lust'gen Augen wieder:
In diesem blauen Hefte hier
Stehn meine ersten Kinderlieder.

Vergib, zu oft war Gram um mich,
Zu selten war das Licht mir Labe.
Vergib, vergib, daß ich für dich
Zu viele schon gehalten habe.

Frühjahr 1915 · Zarskoje Selo

Bist du tot oder lebst noch auf Erden?
Wüßt' ich nur: soll ich suchen nach dir
Oder nur noch mit Trauergebärden
Abends feiern dein Andenken hier?

Dir gilt alles: mein Beten, mein Härmen
Und mein schlaflos fieberndes Blut,
Meiner Verse weißflatternde Schwärme,
Meiner Augen stahlblaue Glut.

Keiner war mir so teuer im Leben,
So hielt keiner mein Sehnen gebannt;
Nicht mal, der mich der Qual übergeben,
Nicht, der liebte, vergaß und verschwand.

Sommer 1915 · Slepnjowo

Wie tief im Brunnen weiße Steine liegen,
Liegt ein Erinnern tief in meinem Herzen.
Ich kann nicht und ich will es nicht bekriegen:
Es bringt mir Freude und es bringt mir Schmerzen.

Es scheint mir: In mir wird es liegen sehen,
Wer aus der Nähe mir ins Auge schaute,
Und trauriger noch wird er weitergehen
Als der, der hörte trauervolle Laute.

Ich weiß: daß Dinge, aber doch beseelte,
Die Menschen würden, hat ein Gott gewaltet.
Damit dein Leiden lebe, das dich quälte,
Bist du in mein Erinnern umgestaltet.

Sommer 1916 · Slepnjowo

Mir ist, als ob hier Menschenworte
Für immer ausgestorben sind,
Es pocht an eine schwarze Pforte
Allein der Steinzeit rauher Wind.
Mir ist, als ob nur ich noch lebte
Vor diesem Himmel – ganz allein –,
Weil ich als erste danach strebte,
Zu trinken von dem Todeswein.

Sommer 1917 · Slepnjowo

Oh, Worte gibt's, die man nicht zweimal spricht;
Schon einmal ist Vergeuden und Verarmen.
Unausschöpfbar ist nur das tiefe Licht
Des Himmels und das göttliche Erbarmen.

Winter 1916 · Slepnjowo

AUS DEM BAND »DER WEGERICH«
1921

Erkenne wenigstens die Klänge,
sie waren dir ja einst vertraut...
Puschkin

(1)*

Aufgewacht im Morgengrauen,
Da ich fast erstickt vor Freude,
Durch das Fenster der Kajüte
Auf die grüne Welle sehn,
Und an Deck, bei Regenschauern,
Eingehüllt in weiche Pelze,
Der Maschinen Stampfen hören
Mit gedankenleerem Kopf,
Doch voll Ahnung, bald zu sehen
Jenen, der mein Stern geworden,
Und vom Salz in Wind und Wasser
Jünger werden Stund um Stund.

(2)

In der Dämmerung erwachen
Darum, daß die Freude würget,
Durch das Fenster der Kajüte
Schauen auf die grüne Flut,
Und am Bug bei schlechtem Wetter,
Warm geborgen in Chinchilla,
Lauschen pochender Maschine,
Jeglicher Gedanken bar,
Und im Vorgefühl: zu sehen
Ihn, der ward zu meinem Sterne –
Von dem Salzgesprüh im Winde
Jünger werden jeden Tag.

Juli 1917 · Slepnjowo

* Dieses Gedicht bringen wir in zwei verschiedenen Übertragungen.

Wollte einst vom Kuckuck hören,
Wieviel Jahre er mir gibt...
Und es zittern leicht die Föhren,
Gelb der Strahl im Grase liegt,
Doch der Hain läßt stumm mich stehen...
Weiter geh' ich leis;
In des Windes kühlem Wehen
Ist die Stirn so heiß.

1. Juni 1919 · Zarskoje Selo

Ganze Wochen sprech' ich mit niemand ein Wort,
Sitz' am Meer auf dem Stein immerfort.
Die Welle hat salzige Spritzer gesandt,
Die dem Salz meiner Tränen verwandt.
Mancher Winter und Frühling ging so dahin,
Ein Frühling nur blieb mir im Sinn.
In der Nacht wurd' es wärmer, der Schnee zerrann,
Ich ging in des Mondes Schein,
Und da fragte mich leise ein fremder Mann,
Der sah mich im Walde allein:
Du bist doch die, die ich immer ersehnt,
Dich such' ich mit Freude und Pein,
Ich nenne dich Schwester, bin's lang schon gewöhnt.
Ich sagte zum Fremden: Nein!
Doch da trat er im Lichte deutlich herfür,
Und ich reichte die Hände ihm hin,
Einen Ring voll Geheimnissen schenkte er mir,
Daß vor Liebe ich sicher bin.
Und damit wir uns finden im fremden Land,
Hat vier Zeichen er mir genannt:
Ein *Leuchtturm* würde am *Meere* stehn,
Des *Wermuts* Duft, eine *Bucht*...
Wie das Leben begann, soll's zu Ende gehn.
Ich sagte: so sei es versucht!

Herbst 1916 · Sewastopol

Jeden Tag zu einer Stund –
Ruhlos ist sie, ohne Licht –,
Sprech' ich mit der Trauer Grund,
Öffne meine Augen nicht,
Und dann klopft sie wie mein Blut,
Ist so warm, als atmet' sie,
Gleicht der Liebe Glück und Glut,
Gleicht der Liebe Perfidie.

1917

Der irdische Ruhm zerstiebt,
Nicht danach geht mein Verlangen.
Ein jeder, den ich geliebt,
Hat Glück von mir empfangen.
Der eine lebt noch heut,
Um seine Freundin zu lieben,
Der andere steht, verschneit,
Zu Bronze geworden, dort drüben.

Winter 1914

Es ist klar, es ist ganz einfach,
Und mit Händen ist's zu greifen:
Fühlst für mich kein bißchen Liebe,
Und da ändert sich nichts mehr.
Warum strebe ich so heftig
Fort zu einem fremden Menschen,
Warum sag' ich jeden Abend
Ein Gebet, für dich bestimmt?
Warum mußt' den Freund ich lassen
Und das Kind mit seinen Locken,
Jene Stadt, die ich so liebte,
Und den heimatlichen Kreis,
Um im schwarzen Bettelkleide
Fortzugehn in fremde Lande?
Oh, wie froh macht der Gedanke,
Daß ich dich noch wiederseh'!

Sommer 1917 · Slepnjowo

Mein Körper schreckt mich, meine Hände,
Mein Mund verwelkt in Todesqual!
Nie wünschte ich ein solches Ende,
Der Zeitpunkt ist nicht meine Wahl.

Zwei Wolken prallen, dacht' ich lange,
Zusammen hoch im Wolkenchor,
Dann seh' ich Blitze ohne Bange,
Und freudig trifft, in großem Sange,
Die Stimme engelgleich mein Ohr.

1913

Die Begegnung blieb ohne Lieder,
Beruhigt hat sich der Gram.
Der kühle Sommer kam wieder,
Ein neues Leben kam.

Aus Stein scheint des Himmels Bogen,
Verwundet von gelbem Glühn.
Oh, sei mir endlich gewogen,
Send ein einziges Wort über ihn.

Der mit Tau Du benetzest die Triebe,
Beleb mit der Kunde mein Herz –
Nicht für Leidenschaften und Scherz,
Für die große irdische Liebe.

17. Mai 1917 · Slepnjowo

Warum ist unsre Zeit denn nur so schlimm zerschunden?
Vielleicht, weil sie vor Gram und Unruh kocht,
Und weil sie zwar gerührt an schwarze Wunden,
Doch sie zu heilen nicht vermocht.

Im Westen kann man noch die Erdensonne spüren,
Der Städte Dächer sind in ihrem Lichte hell,
Hier malt die »Weiße« schon die Kreuze an die Türen,
Sie ruft die Raben her – die Raben kommen schnell.

Winter 1919

Am Hals die Perlen aufgereiht,
Der weite Muff verbirgt die Hände,
Der Blick der Augen ist zerstreut,
Die Tränen sind schon lang zu Ende.

Und bleicher noch ist das Gesicht
Im Seidenschimmer anzuschauen,
Es kräuselt sich das Stirnhaar nicht,
Reicht fast hinab bis zu den Brauen.

Und nichts an diesem Gang ist groß,
Von einem Flug kann man nicht sprechen,
Er ist so schwankend wie ein Floß,
Als sollte das Parkett gleich brechen.

Die Lippen sind geöffnet, kalt.
Der Atem geht in schweren Schüben,
Die Blume auf der Brust wird alt:
Das Wiedersehn ist ausgeblieben.

1913

Den ganzen Tag, vorm eignen Stöhnen bangend,
Treibt Todesangst die Menge hin und her,
Und hinterm Fluß, auf Trauerfahnen prangend,
Sieht man der Schädel Lachen unheilschwer.
Für so was also schuf ich meine Träume,
Mein Herz riß man mir ungerührt entzwei.
Wie nach der Salve schweigen nun die Räume,
Mit seinen Spähern eilt der Tod herbei.

Sommer 1917

Als unser Volk in Selbstmordtrauer
Der deutschen Gäste harrte schon,
Und als aus Rußlands Kirchenmauern
Byzantiums Geist war leis entflohn,

Als an dem Newafluß, erbleichend,
Die stolze Stadt vergaß die Scham
Und, einer trunknen Dirne gleichend,
Längst nicht mehr wußte, wer sie nahm –

Da rief mich ein Stimme zu sich,
Sie sprach: »Du sollst getröstet sein.
Verlaß dies Rußland taub und sündig,
Sag diesem Land für immer nein.

Ich wasch' das Blut von deinen Händen,
Ich nehme dir die schwarze Scham,
Ich werd' mit neuen Namen blenden
Die Niederlagen und den Gram.«

Doch unbehelligt und gelassen
Verschließe ich vor ihr mein Ohr,
Um mich nicht länger schmähn zu lassen
Im Schmerz von diesem falschen Chor.

Herbst 1917

AUS DEM BAND »ANNO DOMINI«
1921/22

In jenen fabelfernen Jahren ...
Fjodor Tjutschew

Petrograd, 1919

Für immer schwand uns aus dem Sinn,
Im wilden Petrograd gefangen,
Wie über Städte, Seen hin
Die Heimatsonne aufgegangen.
Im Kreise, blutrot, Tag und Nacht
Hat uns die Mattigkeit zerrieben...
Und Hilfe wurde nicht gebracht,
Da wir bei uns im Haus geblieben,
Da wir, in Liebe zu der Stadt
Und nicht zur Freiheit flügelschlagend,
Dich uns bewahrten, Petrograd,
Paläste, hoch am Wasser ragend.
Es nähert sich die neue Zeit,
Das Herz vereist im Todeswehen,
Doch Peters Stadt, sie leuchtet weit –
Dies Denkmal wird uns fortbestehen.

(1)*

Er sagte: Andre Frauen fürchte nicht.
Er sagte: Du bist mehr als alle Frauen,
Du bist der Wintersonne tröstend Licht,
Ein wildes Lied aus heimatlichen Gauen.
Er wird nicht trauern, wenn ich nicht mehr bin,
Und nicht verzweifelt rufen: Lebe wieder! –
Doch plötzlich stockt sein Leben, denn ich gab
Dem Körper Sonne und der Seele Lieder.
...Und was ist jetzt?

(2)

Er sagte, meinesgleichen hätt' er nicht.
Kein irdisch Frauenwesen sei ich ihm.
Ich sei der Wintersonne tröstend Licht
Und Heimatlied, urwüchsig-ungestüm.
Sterb' ich dereinst, wird er nicht gramvoll sein
Noch wahnvoll schrein' Erstehe! Kehre wieder! –
Doch innewerden: Nirgends kann gedeihn
Leib ohne Sonne, Seele ohne Lieder.
...Was aber jetzt?

1921

* Dieses Gedicht bringen wir in zwei verschiedenen Übertragungen.

Quäl nicht mit Erdentrost das Herz in Not,
Häng dich auch nicht an Frau und häuslich Leben,
Nimm deinem Kinde weg sein Stückchen Brot,
Um es dem Fremden mitzugeben.

Bescheiden dien dem Feinde, einerlei,
Ob er dich eben grausam noch behandelt;
Das Tier sei brüderlich dir anverwandelt,
Und bitte Gott um nichts, was es auch sei.

Dezember 1921 · Petersburg

Bin nicht mit euch, die unsre Erde
Dem Feinde überließt zum Raub.
Was soll die schmeichelnde Gebärde?
Für euch bleibt meine Muse taub.

Doch dauern mich, die man vertrieben,
Als säßen sie in Haft, bedrängt.
Der Fremde sind sie fremd geblieben,
Mit Wehmut ist ihr Brot getränkt.

Und von dem Qualm schon ganz benommen,
Der unsrer Jugend Rest erstickt,
Hat jeder von uns hingenommen
Die Schläge, die das Land geschickt.

Wir wissen, daß in spätren Tagen
Die Nachwelt besser von uns spricht...
Doch solche Menschen, ohne Klagen,
So stolz wie wir, die gibt's dann nicht.

Juli 1922 · Petersburg

Aus dem Zyklus
Der schwarze Traum

3.

Deine Liebe, die umprankende,
Macht wie Schmerz mich Schreie schrein,
Machte siech ... nicht wollen wankende
Knie mir noch dienstbar sein.

Pfeif kein neues Lied, Gesegneter,
Manchem Lied ist Lüge Lust,
Doch zerkrall, zerkrall, Verwegener,
Meine schwindsüchtige Brust.

Aus dem Mund ein Blutsturz springen mag,
Während ich, entschlummernd, lausch',
Wie der Tod der Brust entringen mag
Diesen fluchbeladnen Rausch.

Juli 1918

4.

Eisschollen schwimmen vorbei,
Der Himmel ist trostlos fahl,
Ach, warum strafst du mich ... Einerlei:
Hab nicht Schuld und nicht Wahl.

Töte mich – hilft es dir,
Doch nicht rauh sei: sei schlicht.
Keine Kinder willst du von mir,
Und du magst meine Verse nicht.

Mag es sein – dein Wille gescheh.
Ich bleib treu dem Gelübd, das ich gab,
Gab mein Leben dir, doch wenn ich geh,
Nehm mein Leid ich mit mir in das Grab.

April 1918

Warum hast du keine Ruh gefunden,
Atmest nicht und blickst so scheu?
Hast es wohl begriffen: fest verbunden,
Eine Seele, sind wir zwei.

Werde dich mit meinem Trost beschenken,
Wie es nie geträumt dein Herz.
Wirst du aber je mich böse kränken,
Ist es nur dein eigner Schmerz.

Dezember 1921 · Petersburg

In der Stadt treiben böse Gerüchte ihr Wesen,
In die Häuser dringen sie ein wie ein Dieb.
»König Blaubart« könnte ich wieder lesen,
Im Bett, solange der Schlaf mich flieht.

Wie die siebte die Treppe hinaufgegangen
Und dabei die jüngere Schwester rief,
Und wie sie, die Brüder, die Nachricht voll Bangen
Ohne Atem erwartend, zur Türe lief...

Wie Wolken aus Schnee sieht den Staub sie schweben,
Im Schloßhof hat sie die Brüder gewahrt,
Und das glitschige Beil wird sich nicht erheben
Überm Hals ihrer Schwester, der schuldlos und zart.

Dieses Märchen konnte Trost mir bringen,
Und so mache ich sicher die Augen bald zu.
Doch warum muß mein Herz mit dem Schlafe ringen,
Warum schlägt es so rasend, ist ohne Ruh?

Winter 1922

Biblische Verse

1. Rahel*

Also diente Jakob um Rahel sieben Jahr, und sie deuchten ihn, als wären's einzelne Tage, so lieb hatte er sie.
Genesis 29,20

(1)

Und Jakob sah Rahel im Tal ohne Laub,
Er grüßte sie, Wandrer, der nirgends geblieben.
Die Herden wirbelten glühenden Staub.
Den Stein vor dem Brunnen konnt' niemand verschieben,
Er wälzte ihn fort mit eigener Hand
Und tränkte die Schafe am Brunnenrand.

Sein Herz aber schlug so schmerzend und wild,
Als ob ihm ein Leid widerfahre,
Bei Laban zu dienen war er gewillt
Für sie als Hirt sieben Jahre.
Ach Rahel! Wer deiner Gewalt erst gehört,
Den haben sieben Jahre wie Tage betört.

Doch Laban hält Mitleid für heuchelnden Schein,
Der Habgier kann er nicht wehren.
Er denkt: ein jeder Betrug darf sein,
Den Ruhm seines Hauses zu mehren.
Und er führt entschlossen, zu Jakobs Schmach,
Die blinde Lea ins Hochzeitsgemach.

Und über der Wüste steht hoch die Nacht,
Der Tau kühlt die Erde wieder.
Und Labans Jüngste seufzt lange und wacht,
Sie rauft sich die Haare, fällt nieder,
Verflucht ihre Schwester und lästert den Herrn,
Den Engel des Todes sähe sie gern.

* Dieses Gedicht bringen wir in zwei verschiedenen Übertragungen.

Und die Stunde so süß sieht Jakob im Traum:
Im klaren Brunnen die Welle,
Und Rahels Augen, die fröhlich schaun,
Ihre Taubenstimme, die helle:
Ach Jakob, dein Kuß hat mich lange gebrannt,
Du hast mich dein schwarzes Täubchen genannt!

(2)

Und Jakob begegnete Rahel im Tal.
Tief neigte der Fremdling vor ihr sich zur Erde.
Sie nahte, von Schafen umdrängt ohne Zahl,
Am Brunnen zu tränken die durstende Herde.
Er wälzte den Stein von dem Quell auf den Rand
Und tränkte die Schafe mit eigener Hand.

Und flammende Liebe ergriff nun sein Herz,
Sich mehrend von Stunde zu Stunde,
Durchbohrte die Brust ihm wie stechender Schmerz
Und brannte als offene Wunde.
Er diente dem Laban jahraus und jahrein,
Um endlich im siebenten Rahel zu frein.

Doch Laban, habgierig, betrog sie und ihn,
Ließ Mitleid sein Herz nicht beschweren.
Er dachte: Ein jeglicher Trug wird verziehn,
Geschieht meinem Haus er zu Ehren.
Und so hat er Lea im Schutze der Nacht
Zum harrenden Jakob ins Brautbett gebracht.

Die Sterne ziehn schweigend am Himmel den Reihn,
Schon fällt kühler Tau auf die Wüste,
Auf traurigem Lager ruht Rahel allein
Und schlägt sich verzweifelnd die Brüste.
Sie flucht ihrer Schwester, sie hadert mit Gott,
Sie mag nicht mehr leben, sie wünscht sich den Tod.

Indessen träumt Jakob die Stunden des Glücks,
Da Rahel er sah an der Quelle,
Gedenkt ihres liebeverheißenden Blicks,

Der Stimme, so süß und so helle,
Und wie ihre Lippen im Kusse er fand
Und wie er sie zärtlich »mein Täubchen« genannt.

25. Dezember 1921 (alten Stils)

2. Lots Weib*

Und sein Weib sah hinter sich
und ward zur Salzsäule.
Genesis 19,26

(1)

Der Bote des Herrn ging auf dunkelnden Höhen,
Der Gerechte dahinter, groß und hell,
Doch sein Weib möchte sorgend hinter sich sehen,
Die Sorge sagt laut: Schau zurück, schau schnell,

Wie die Türme Sodoms heimatlich schimmern,
Euer Hof, wo du sangst, wo du glücklich warst,
Die Fensterhöhlen von fern dich erinnern,
Wie dem liebenden Gatten du Kinder gebarst.

Ein Schmerz durchzuckte sie tödlich, sie schaute:
Ihre Augen vermochten nichts mehr zu sehn,
Ihr Körper war glasiges Salz – ihr graute,
Ihr rascher Fuß blieb reglos stehn.

Wer dachte daran, ihr Tränen zu schenken,
Wer achtete je ihr besondres Geschick?
Nur ich will für ewig ihrer gedenken,
Die ihr Leben hingab für einen Blick.

* Dieses Gedicht bringen wir in zwei verschiedenen Übertragungen.

(2)

Lot folgte dem Engel bei dämmerndem Morgen,
Fest schritt der Gerechte, nach vorn sah der Blick.
Doch voll war das Herz seines Weibes von Sorgen.
Laut sagte dies Herz: »Schau noch einmal zurück

Auf Sodom, die Stadt mit den Türmen und Zinnen,
Wo Kind du, wo Mädchen, wo Jungfrau du warst,
Aufs Haus, so vertraut einst, jetzt öde, darinnen
Dem Mann, dem geliebten, du Kinder gebarst!«

Sie blickte zurück, da verloren für immer
Die Augen ihr Licht, ihren Glanz, ihren Schein.
Ihr Leib ward zu Salz, ward durchsichtig wie Glimmer,
Fest wuchsen die Füße ins Erdreich hinein.

Wozu mußte sie dem Befehl widerstreben?
Was schaute sie trotz des Verbotes zurück?
Ich fühl' es ihr nach – ihr, die hingab das Leben
Für einen, für nur einen einzigen Blick.

24. Februar 1924

3. Michal

Aber Michal, Sauls Tochter, hatte den David lieb. Da das Saul angesagt ward, sprach er: das ist recht; ich will sie ihm geben, daß sie ihm zum Fall gerate...

1. Samuel 18,20–21

Und der Jüngling spielte für Saul, der verwirrt,
Um die grausame Nacht zu verscheuchen,
Wo die Angst gespensterhaft Saul umschwirrt,
Doch die Nacht muß dem Morgenrot weichen.
Und der König tritt günstig gestimmt herfür:
»Ein Feuer, o Jüngling, brennt göttlich in dir,
Für solche heilenden Gaben
Sollst du Tochter und Königreich haben.«
Die Tochter des Königs den Sänger sieht,
Sie braucht keinen Kranz, sie braucht kein Lied,
Gram und Kränkung Michal verzehren.
Doch spürt sie zu David Begehren.
Sie ist bleich wie der Tod; kein Laut aus dem Mund;
In den grünen Augen Verzücken;
Es leuchten die Kleider, der Armreifen Rund,
Die beim Gehen sanft klingend berücken.
Wie die Urmutter Lilith, wie Geheimnis, wie Traum...
Sie sagt, doch merkt sie es selber kaum:
»Man hat mir wohl Gift in mein Glas gestreut,
Davon ist mein Geist so verwirrt.
Erniedrigt bin ich! Schamlosigkeit!
Herumtreiber! Räuber! Hirt!
Warum hat denn keiner vom Hofe, vom Heer
Ein ähnliches Aussehn wie er?
Ach, die Strahlen der Sonne ... ach, die Sterne der Nacht...
Und ich friere nur immer mehr...«

1959/61

Für Natalija Rykowa

(1)*

Nun ist alles geplündert, zerrissen.
Wie der Tod vorüberstiebt!
Unsre Schwermut hat alles zerbissen.
Daß es Helligkeit da noch gibt!

Nach den Kirschen duften die Stunden
Von dem Märchenwald vor der Stadt;
Neue Sterne hab' ich gefunden –
Welche Tiefe der Himmel jetzt hat.

Wie nah ist das Wunder gekommen
An die Häuser, zu Fall gebracht...
Das Wunder, von niemand ersonnen,
Seit ewig uns zugedacht.

(2)

Alles geplündert, verkauft und verraten,
Todesschatten auf aller Gesicht;
Alles in Not und in Elend geraten –
Doch woher kam uns denn das Licht?

Tags läßt Kirschblütendüfte verhauchen
Märchenwald, der da aufblüht zur Stund;
Nachts hier strahlende Sternbilder tauchen
Tief aus glasklarer Maihimmel Grund.

Und wie nah doch das Wunderbare
Dicht an Schutt und an Trümmer auch geht,
Das für jeden ganz Unfaßbare,
Doch von uns so ersehnt und erfleht...

Juni 1921

* Dieses Gedicht bringen wir in zwei verschiedenen Übertragungen.

Dunkelheit, die Angst wühlt in den Sachen,
Lenkt auf eine Axt des Mondes Licht.
Hör nur, wie sie sich zu schaffen machen –
Ratten? Geister? Ist's ein Diebsgesicht?

Dielenbretter zählt Es, und sie schwanken;
Spritzt die Küche ganz mit Wasser voll;
Mit dem Bart, dem kohlenschwarzen, blanken
Taucht Es hinterm Fenster auf als Troll –

Und verstummt. Wie böse und verschlagen!
Alle Kerzen hat Es rasch versteckt...
Besser, mit Gewehren mich erschreckt,
Ihrer Läufe Glanz hätt' ich ertragen.

Besser, wenn man rasch zum Platz mich führte
Und mich legte auf das Holzgerüst,
Wo ich unter Freudenschreien spürte,
Wie das Blut aus meinem Körper fließt.

An mein Herz drück' ich das Kreuz voll Bangen:
Gott, gib meiner Seele Frieden bald!
Wie die Moderdüfte mich umfangen,
Aus den Laken weht es süß und kalt.

27.–28. August 1921 · Zarskoje Selo

Es gelang, mich von dir zu entfernen,
Es erlosch die verhaßte Glut.
Du mein ewiger Feind solltest lernen,
Was richtiger Liebesmut.

Ich bin frei, brauche nichts zu bereuen:
Meine Muse tritt tröstend hervor,
Und dann kommt der Ruhm, zu erfreuen
Mit Kinderklappern mein Ohr.

Kein Gebet lohnt für mich zu singen,
Und es lohnt nicht, sich umzuschaun...
Schwarzer Wind wird mir Ruhe bringen,
Goldnem Blätterfall werd' ich vertraun.

Als Geschenk will die Trennung ich wählen,
Das Vergessen als Gnade und Glück.
Eine andre wag niemals zu quälen
Mit gleichem Martergeschick!

August 1921

Ah, du dachtest dir da anscheinend,
Daß man *mich* vergessen kann,
Daß ich flehend mich werfe und weinend
Vor dein braunes Pferdegespann.

Oder daß ich zu Kurpfuscherinnen
Meine Schritte eilig lenk'
Und dir schicke mein Tüchlein aus Linnen –
Ein schrecklich besprochnes Geschenk.

Sei verflucht. Nicht mit Blicken und Sehnen
Such' ich je deine Seele mehr;
Nein, ich lasse mich nie mehr verhöhnen,
Bei der Wunderikone ich schwör',
Bei unserer Nächte Stöhnen:
Zurück zu dir – nie mehr.

Juli 1921 · Petersburg

Auf der Schwelle weiß von Eden
Sah er um und rief: Ich wart'!
Noch im Tod klang so sein Reden,
Daß ich arm und gütig ward.

Und wenn durchsichtig der Himmel,
Schaut er her vom Flügelpfad,
Wie die Rinde Brots ich immer
Teil' mit dem, der darum bat.

Aber schwimmt nach Kampf und Grämen
Das Gewölke blutig fort,
Wird er mein Gebet vernehmen,
Hören meiner Liebe Wort.

Juli 1921

Nein, du wirst nicht wieder wach
Dort im Schnee, nie mehr.
Bajonette zwanzigfach,
Fünfmal das Gewehr.

Bitter ist das Leichentuch,
Das ich ihm genäht.
Rußland liebt den Blutgeruch,
Der im Lande steht.

16. August 1921

Herauf beschwor ich den Lieben
Den Untergang. Der war bereit:
Nur Gräber sind mir geblieben,
Von meinem Wort prophezeit.
Wie Raben witternd, hockend
Vorm heißen, sprudelnden Blut,
Entflohen die Lieder frohlockend
Meiner Liebe voll wilder Glut.

Bei dir spür' ich süßes Betören,
So nah wie mein Herz in der Brust.
Doch sollst du nun still sein und hören:
Geh fort von mir, du mußt.
Dein Schritt sei für immer verklungen.
O Muse, such nicht, wo er blieb.
Er lebe, und unbesungen,
Ohne Ahnung, wie sehr ich ihn lieb'.

Herbst 1921 · Petersburg

Verleumdung

Verleumdung folgte mir, kam überallhin mit,
Ich hörte noch im Traum den leisen Schleicherschritt,
Und auch, wenn unterwegs, in fremden, toten Gassen,
Ich Brot und Dach mir sucht', wo selbst die Himmel hassen.
Und noch ihr Widerschein glimmt fort in jedem Blick,
Mal ist's Verräterei, mal schreckt man nur zurück.
Ich fürchtete sie nie. Mag sie auch provozieren,
Ich weiß die Antwort drauf, sie kann da nur verlieren.
Doch einmal – diesen Tag, den kann ich heut schon schaun –,
Da kommt der Freundeskreis zu mir im Morgengraun
Und stört den süßen Traum mit Weinen und mit Klagen,
Und meine kalte Brust wird die Ikone tragen.
Von niemandem erkannt, kommt dann auch sie herein,
Sie stößt mit ihrem Maul tief in mein Blut hinein,
Zählt Kränkungen dort auf, obwohl sie nie gewesen,
Zugleich wird sie noch laut die Bittgebete lesen.
Ein jeder hört dann klar, daß sie nur faseln kann,
Und niemand sieht das Aug des andern offen an.
Mein Körper aber bleibt, wo es ihm öd und bange,
Damit zum letzten Mal die Seele Feuer fange,
Von wildem Mitgefühl zur Erde fast besiegt,
Wenn sie, noch erdenschwach, durchs Morgendunkel fliegt.

1. (14.) Januar 1922

Wiegenlied

Fern im Walde, immer weiter,
An dem blauen Bach,
Lebte einst ein Waldarbeiter:
Arm war sein Gemach.

Jüngster Sohn war klein geblieben –
Komme nur zur Ruh,
Ach, ich sollt' dich besser lieben,
Schlaf nur immerzu.

Selten hören wir vom Leben
Hier, wo wir allein,
Weißes Kreuz hat man gegeben
Deinem Väterlein.

Gram war immer, Gram wird bleiben,
Geht durch jedes Sieb,
Es beschütze Ritter Georg
Deinen Vater lieb.

1915

Oh, hätte ich gewußt, als ich empfangen
Die Muse in der Kleider weißem Schein,
Daß ich mit meinen Händen voller Bangen
Die Leier schlüge, die schon hart wie Stein.

Oh, hätte ich gewußt, als sie beim Spielen
Die Seele einmal noch im Sturm entfacht',
Daß ich dem besten Jüngling unter vielen
Die Adleraugen weinend zugemacht.

Oh, hätte ich gewußt in meinem Wähnen,
Sein wunderbares Schicksal daure lang,
Daß sie mich später schonungslos verhöhnen
Als Antwort auf den letzten Bittgesang.

1925

AUS DEM BAND »DAS SCHILF«
1924/40

Ich spiele da in allen fünf.
B. P.

Die Muse

Wenn ich mich nachts bereite auf ihr Kommen,
Dann hängt mein Leben, scheint's, am seidnen Band.
Was kann mir Ehre, Jugend, Freiheit frommen,
Wenn sie mir naht, die Flöte in der Hand?
Sie kam, warf ab den Schleier, der sie zierte,
Und schaute dann sehr aufmerksam auf mich.
Ich frug: Bist du's, die Dante einst diktierte
Das Buch der Hölle? Sie entgegnet': Ich.

1924

Einem Maler

Mir ist, als ob ich immerdar den Segen
Und alle Mühe deines Schaffens schau':
In Gold die Linden, ew'gem Herbst erlegen,
Und der Gewässer heut erschaffnes Blau.

Bedenk, des Schlummers leisestes Sichregen
Entführt mich schon in deines Gartens Au,
Wo ich, zutiefst verschüchtert allerwegen,
Mich deinen Spuren traumhaft anvertrau'.

Sobald ich das Gewölb, drin du gewaltet,
Das deine Hand zum Himmel umgestaltet,
Betret', zu kühlen meine arge Glut –

Schwelg' ich, beseligt wie für Ewigkeiten,
Geblendet vom Erglühn gewalt'ger Zeiten
Und neu beschenkt mit einer Tränenflut.

1924

Beschwörung

Aus dem hohen, dem Tor,
Hinter den Sümpfen der Ochta hervor,
Auf nie begangenen Wegen,
Über die Wiesen, die ungemähten,
Durch den nächtlichen Postenkordon,
Unterm Geläute der Karprozession,
Uneingeladen,
Unversprochen,
Komme zum Abendessen zu mir.

15. April 1936

Warum schickt er keinen Schwan zu mir,
Kommt kein Boot von ihm, kein Floß geschwommen?
Ach, im Frühjahr sechzehn gab er mir
Das Versprechen, selber bald zu kommen.
Und er sagte mir im gleichen Jahr:
Durch Gewölk und Tod zu seinem Hügel
Flög' ein Vogel, ich. Sein Haar
Streifte, scheu vor Zärtlichkeit, mein Flügel.
Freudig mir sein Aug noch immer lacht,
Und ein sechzehnt Frühjahr trennt uns nicht.
Ach, was tu ich! Da der Mitternacht
Engel mit mir bis zum Frührot spricht.

Februar 1936 · Moskau

Die einen scherzen in der Nacht und küssen,
Die andern trinken, bis der Tag anbricht.
Mit mir verhandelt nächtens mein Gewissen,
Das klar und unerbittlich zu mir spricht.

Ich sag' zu ihm: Wie lang soll ich noch tragen
Die Last von dem, was längst Vergangenheit?
Doch es erwidert: So darfst du nicht fragen,
Denn weder Raum gibt es für mich noch Zeit.

Und wieder ist er da, der dunkle Abend:
Vorfrühling, Park, des Pferdes leichter Trab,
Das Herz voll Glück, am kühlen Wind sich labend,
Der aus der lichten Höhe weht herab.

Am Himmel droben, ruhig und gelassen,
Der Mond als Zeuge... Oh, dahin, dahin,
Wo unterm Hügel, auf dem toten Wasser,
Zwei Schwäne schweigend ihre Kreise ziehn.

3. November 1935 · Haus an der Fontanka

Nicht mein Herz an dich zu geben,
Warf ich's in den Fluß hinaus...
Zahmes, flügelloses Leben
Führe ich in deinem Haus.
Nur ... was ist in fremden Dunkeln?
Nachts stört Knirschen meinen Traum.
Geister, die im Hause munkeln...
Tief im Park ein Lindenbaum...
Etwas schleicht dahin im Düstern,
So als rauschte Wasser leis.
Meines Elends schwarzes Flüstern
Schmiegt sich an die Ohren heiß –
Und es murmelt, so als wäre
Dort die ganze Nacht zu tun:
Auszuruhn war dein Begehren.
Weißt du, *wo* dir bleibt zu ruhn?

1936

Wildhonigduft macht weit das Rund,
Staub riecht nach Sonnenlicht,
Nach Veilchen riecht der Mädchenmund,
Und Gold allein – nach nichts.
Reseda riecht wie Wasserstrahl
Und Liebe apfelgut.
Wir lernten ein für allemal:
Nach Blut riecht weiter nichts als Blut...

Und der Statthalter Roms wusch vergeblich
Die Hände vor allem Volke,
Als der Pöbel das Unheil herbeischrie;
Und umsonst hat die Königin Schottlands
Von den schmalen, länglichen Händen
Abgewischt die roten Spritzer
Im stickigen Düster des Königsschlosses.

1933

Des Rätsels Lösung kennst nur du allein...
Wenn ohne Schlaf der Finsternis Gemunkel,
Bricht jene Maienblume, jener Schein
Durch der Dezembernächte tiefes Dunkel.
Und wieder mache ich zu dir mich auf,
Du lächelst unbekümmert mir entgegen.
Doch aus dem Wald und aus dem Schilf herauf
Hör' ich ein Echo sonderbar sich regen...
Wenn ich den Toten dadurch aufgeweckt –
Verzeih es mir, ich konnt' es nicht vermeiden:
Was dir geschehen, hat mich tief erschreckt.
Wer Tränen hat, den kann ich nur beneiden,
Daß er sie weint in dieser schlimmen Zeit
Für jene, die dort in der Tiefe liegen...
Mein Auge war zu weinen auch bereit,
Doch Tränen sind nicht zu ihm aufgestiegen.

1938

Kleopatra

Alexandrinische Gemächer
Deckt wonnereicher Schatten zu.
Puschkin

Schon lang, daß Antonius' Mund sie geküßt, den erstarrten,
Schon lang, daß sie weinend, auf Knien, vor Augustus gefleht...
Von Knechten verraten. Es tönt unter Adlerstandarten
Die Siegesposaune herauf – und der Abendwind weht.
Nun läßt sie der letzte, den fesselnd ihr Reiz überwunden,
Groß ist er und stark, und er flüstert, der Sinne beraubt:
Er wird im Triumph dich – als Sklavin ... gebunden...
Doch sie neigt in Ruhe, auf schwangleichem Halse, das Haupt.

Und morgen die Kinder in Ketten. Ihr bleibt auf der Erde,
Ach, wenig zu tun – jenem Burschen ein Scherz noch zuletzt,
Und still hat die Hand schon, als wär's eine Abschiedsgebärde,
Die Schlange ihr schwarz auf den samtenen Busen gesetzt.

7. Februar 1940

Die Weide

Der Bäume welkender Kranz
Puschkin

Ich aber wuchs in edler Stille auf,
Als das Jahrhundert kühl den Lauf begonnen.
Den Menschen wär' ich gerne oft entronnen,
Doch wohl vertraut war mir der Winde Lauf.
Die Pflanzen liebt' ich: Nesseln, Kletten, Heide,
Am meisten aber eine Silberweide.
Und diese liebte dankbar mich zurück.
Fand ich nicht Schlaf – sie sandte trauernd Träume.
Doch seltsam: der vertrauteste der Bäume,
Er starb vor mir; mich grüßt nicht mehr sein Blick.
Dort ragt sein Stumpf; rings um ihn ein Gewimmel
Von andern Weiden, plaudernd das und dies.
Und oben wölbt sich doch der gleiche Himmel.
Ich schweige, weil ein Bruder mich verließ.

18. Januar 1940

Meine jungen Hände
Unterschrieben jenen Vertrag
Inmitten von Blumenkiosken
Beim Rauschen der Grammophone
Unter dem scheelen, berauschten Blick
Der Gaslaternen.
Und ich war grade erst
Zehn Jahre alt.

Und auf dem Abendrot lag
Der Faulbeerbäume weiße Trauer,
Die als ein kleiner duftiger
Trockener Regen niederfiel...
Und durch die Wolken schien
Der blutige Schaum von Tsushima,
Und schwebend rollten die Droschken
Mit Leuten, die jetzt Tote sind...

Doch uns schien damals der Abend
Wie eine Maskerade,
Schien uns ein Karneval,
Ein Märchenspiel grand gala.

Von jenem Hause blieb – kein Span,
Und die Allee ist abgehauen,
Und lang schon ruhn im Museum
Jene Hüte und Schühchen.
Wer weiß, wie leer der Himmel ist
Am Ort gefallener Türme,
Wer weiß, wie still es im Haus ist,
In das nicht heimkehrt der Sohn.

Du hörst nicht auf, wie das Gewissen,
Die Luft, bist du immer bei mir,
Warum rufst du nach Antwort?
Ich kenne, die dich gekannt.
So die Kuppel, heiß von Musik,
Im Pawlowski-Bahnhof,
Den weißgemähnten Wasserfall
Beim Babolow-Schlosse.

1940

Der Keller der Erinnerung *

(1)

Es ist zu dumm, daß ich nur traurig bin
Und daß Erinnerungen mich umstarren.
Nur selten geh' ich zum Gedächtnis hin,
Und immer hat es mich sofort zum Narren.
Geh' in den Keller ich mit meinem Licht,
Scheint mir – will's auf der Stiege dumpf und dicht
Schon stürzend über mir zusammenknarren.
Ich kann nicht mehr zurück – die Funzel scheint –,
Doch weiß ich: wo ich hingeh', ist der Feind.
Und, wie um Gnade, flehe ich ... Doch dort
Ist's schwarz und still. Mein Fest ist lang vorüber!
Schon dreißig Jahr – so grüßt man Damen fort,
Wie er vom Alter schied, mein Schelm, mein lieber ...
Ich kam zu spät. Wie ist mir das geschehn!
Ich kann nun niemand mehr besuchen gehn.
Doch Wände kann ich streicheln, Bild an Bild,
Und am Kamin mich wärmen. Da – im Dunkeln,
Wo Schimmel, Qualm und Staub und Moder quillt,
Seh' grün und hell ich zwei Smaragde funkeln.
Die Katz miaut. Nach Hause miteinand!

Jedoch – wo ist mein Haus, wo mein Verstand?

* Dieses Gedicht bringen wir in zwei verschiedenen Übertragungen.

(2)

Glaubt nicht, mir sei die Gegenwart verhaßt!
Ich hänge nicht an den vergangnen Zeiten.
Nicht oft bin bei Erinnrung ich zu Gast,
Und bin ich's, laß ich leicht mich irreleiten.
Steig' in den dunklen Keller ich hinab,
Scheint mir's, die Treppe stürze krachend ab,
Und meine Füße drohen auszugleiten.
In meinen Händen zitternd blakt das Licht,
Ich spüre: Eine Rückkehr gibt es nicht.
Ich weiß: Ich geh' zu meinem Feind. Doch dann
Ist's still und dunkel. Ja, schon längst zu Ende
Ist meines Lebens Fest, das froh begann:
Vor dreißig Jahren war die Zeitenwende...
Ich bin zu spät gekommen. Welche Not!
Zeig' ich mich irgendwo – fast werd' ich rot.
Doch rühr' ich die bemalten Wände an,
Steh' ich, mich wärmend, am Kamin im Dunkel,
So schaut mich in dem Moder plötzlich an
Zwei grüner Sterne glitzerndes Gefunkel.
Es tönt Miau. Nun fort! Nach Haus! Hinaus!

Doch wo ist mein Verstand – wo mein Zuhaus?

18. Januar 1940

So fliegen die dunklen Seelen zur Ruh...
»Ich rede im Fieber, doch hör mir nicht zu.

Du kamst aus Versehen, aus Zufall vorbei,
Dich drängt kein Termin, keine Frist, du bist frei,

So bleib noch ein wenig länger um mich.
Wir waren in Polen, erinnerst du dich?

Der erste Morgen in Warschau... Ich wähnte –
Wer bist du? Ein andrer, ein Dritter?« – »Der Zehnte.«

»Doch ist es die Stimme noch, die ich gekannt.
Du weißt, ich hab' Jahre in Hoffnung gebrannt,

Und nun – bist du da, und es gibt mir kein Leben.
Ich brauche die Welt nicht, sie kann mir nichts geben:

Die Donner Homers nicht, nicht Dantesche Wunder.
Ich geh' bald zum seligen Ufer hinunter,

Und Troja fiel nicht, und es lebt Eabani.
Und alles versank schon im Duft, den ich ahne.

Ich schlief' bei der grünen Weide schon lange,
Doch finde ich nimmermehr Ruh bei dem Klange.

Was ist's? Steigt die Herde vom Berge hernieder?
Nur atmet ihr Blick jene Kühle nicht wider.

Hör' ich den Schritt des Priesters schon gehen?
Doch die Sterne im Blau und die Nacht auf den Höhen...

Ruft man das Volk zur Beratungsrunde?« –
»Nein, dies ist deine letzte Stunde.«

1940

(1)*

Wenn ein Mensch stirbt,
Verändern sich seine Bilder.
Anders sehn die Augen, und die Lippen
Lächeln anderes Lächeln.
Ich bemerkte dies, heimgekehrt
Vom Begräbnis eines Dichters.
Seitdem erprobte ich es oft,
Und meine Vermutung bestätigte sich.

(2)

Ein Mensch ist gestorben. Da ändern
Sich die Züge seines Gesichts auf den Gemälden.
Seine Augen schauen anders, und die Lippen –
Auch das Lächeln seiner Lippen wird anders.
Ich bemerkte das, als ich einmal heimkam
Vom Begräbnis eines unserer Dichter,
Und seitdem überprüft' ich es häufig,
Und bestätigt hat sich die Vermutung.

21. Mai 1940

* Dieses Gedicht bringen wir in zwei verschiedenen Übertragungen.

Die Trennung

1.

Weder Monate noch Wochen – Jahre
War die Trennung. Nun ist es soweit:
Weiße Fäden im Haar, und die wahre,
Kühle Freiheit der Welteinsamkeit.

Keine Lügen mehr, alles wird leise,
Und du hörst nicht allnächtlich die Flut
Der unendlichen klaren Beweise –
Zum Bezähmen der Glut deiner Wut.

2.

Am Trennungstag, wie stets, hörten wir beide
Unheimlich leise pochen das Gespenst
Der ersten Tage, und die Trauerweide
Erschien in Silberpracht, wie du sie kennst.

Für uns, die bitter, stolz und gar nicht weise,
Erfüllt von irdisch-ungestümer Gier,
Sang eine Nachtigall die alte Weise:
Wie zärtlich wir einander hegten hier.

3. Der letzte Trinkspruch*

(1)

Aufs Leben – es ist nun vorbei
Und kommt nicht mehr zurück,
Auf unsre Einsamkeit zu zweit
Und auf dein karges Glück,
Auf deiner Augen totes Blau,
Dein Reden, falsch und mies,
Auf diese Welt, die kalt und rauh,
Auf Gott, der mich verstieß.

* Dieses Gedicht bringen wir in zwei verschiedenen Übertragungen.

(2)

Ich trink' aufs zerstörte Haus,
Auf mein Leben, das schlimm war und rauh,
Auf die Einsamkeit zu zweit,
Auf dich auch trinke ich eins –
Auf den Lügenmund, der mich verriet,
Auf die Todeskälte des Blicks,
Auf die grausam-grobschlächtige Welt,
Auf Gott, der sich fern von mir hält.

27. Juni 1934

Majakowski im Jahre 1913

Hab' dich nicht gekannt in Ruhmestagen,
Kenn' nur deinen stürmischen Beginn;
Heute aber möchte ich es wagen:
Rufe Tage auf, die lang schon hin.
Deine Verse härteten sich stetig,
Neue Stimmen strömten da zuhauf...
Deine Hände waren immer tätig,
Zogen drohend Baugerüste auf.
Alles, was berührt von deinem Finger,
Blieb nicht, wie es war vor deiner Zeit;
Was von dir zerstört – zerstört blieb's immer,
Urteil sprechend stand dein Wort bereit.
Einsam oft und oftmals unzufrieden,
Sehntest du dein Schicksal rasch herbei,
Wußtest: bald nun würdest du dich üben
In dem großen Kampfe froh und frei.
Antwort kam schon von der Fluten Tosen
In den Versen, als du sie uns last;
Selbst der Regen schien sich zu erbosen,
Mit der Stadt hast du im Streit gerast.
Und dein Name, den noch niemand nannte,
Flog als Blitz in jenen schwülen Saal,
Bis man ihn im ganzen Lande kannte.
Heute tönt er als ein Kampfsignal.

3.–10. März 1940

Widmung im Gedichtband »Der Wegerich«

Nicht er, der nie aus Hoffmanns Träumen wich,
Ein Maler, von Geheimnissen umgeben –
Aus einem fernen Frühjahr in mein Leben
Blinkt er nur, der bescheidne Wegerich.

Allüberall erfreute er den Blick.
Sein Grün glomm von den breiten Stufen wider.
Und mit der Fackel ungebundner Lieder
Kam Psyche in mein Heimatreich zurück.

Und aus des vierten Hofes Tiefe drangen
Der Kinder Rufe, die den Baum umsprangen,
Entzückt von eines Leierkastens Drehn.

An alle Glocken hell das Leben rührte...
Jedoch mein wildes Blut zu dir mich führte
Des einen Weges – jeder muß ihn gehn.

18. Januar 1941

Leningrad im März 1941

Am Menschikowschen Hause der cadran solaire.
Ein Dampfer zieht, die Welle hebend, nah vorbei.
Gibt's auf der Welt etwas, das mir vertrauter wäre
Als diese Türme und des Wassers Widerschein?
Als schmaler Spalt gähnt schwarz die Seitenstraße.
Die Spatzen sitzen auf dem Leitungsdraht.
Und auch kein Unglück ist der Salzgeschmack
Der immer gleichen Wege, Tag für Tag.

1941

AUS DEM BAND »DAS SIEBENTE BUCH«
1936/64

Er fiel, der siebente der Nebelschleier,
Der, hinter dem hervor der Frühling kommt.

T. K.

Berufsgeheimnisse

1. Schaffen

So ist es meist: Ein süßes Noch-nicht-Wollen;
Der Schlag der Stunden weicht nicht aus dem Ohr;
Von ferne ein verstummtes Donnerrollen.
Wie unbekannte Klagen kommt mir's vor,
Wie unbefreiter Stimmen banges Stöhnen.
Ein Kreis verengt geheimen Zirkelgang,
Doch aus dem Grund von Flüstern oder Tönen
Erhebt als Sieger sich ein einz'ger Klang.
Es ist um ihn so unverwirkbar leise,
Daß man das Waldkraut wachsen hören kann,
Das Böse hört auf seiner Bettelreise...
Doch schon vernimmt man Worte dann und wann,
Vom Glöckchen leichter Reime avisiert –
Erst dann beginn' ich langsam aufzuleben:
Nun kann sich Vers auf Vers, wie vordiktiert,
Getrost ins blütenweiße Heft begeben.

5. November 1936

2.

Was sollen mir denn streitlustige Oden
Und was der Elegien Geziertheit auch?
Ich schreibe ein Gedicht nicht nach Methoden,
Nicht, wie's bei Leuten Brauch.

O wüßtet ihr, aus welcher Unkrautstätte
Gedichte wachsen ohne jede Scham –
Wie an dem Zaun die Melde wächst, die Klette
Und wie der Löwenzahn.

Ein Teergeruch, ein Scheltwort, zorneswütig,
Ein Schimmelfleck, geheimnisvoll und bleich –
Schon klingt der Vers zart, keck und übermütig,
Zur Freude mir und euch.

17. Januar 1940

3. Die Muse

Kann ich leben und nicht dran zerbrechen?
Und da wagt man von Muse zu sprechen,
So als ob's zur Erholung sei.
»Gottes Stimme«, je länger, je lieber,
Dabei beutelt's mich ärger als Fieber,
Dann ist's aus für ein Jahr und vorbei.

4. Der Dichter

Man denkt sich: Auch das muß gemacht sein,
Dies Leben in Zuversicht:
In Musik auf ein Etwas bedacht sein,
Das du dein nennst (im Ernst oder nicht).

Aus dem Scherzo, dem anonymen,
Etwas holen wie Strophe und Maß
Und sich dann unter Eid dessen rühmen,
So beiße dein Herz dir ins Gras.

Und danach was im Walde erlauschen,
Wo die Fichten so schweigsam tun,
Wenn die rauchigen Schleier sich bauschen
Und die Nebel auf allem ruhn.

So hasch' ich zur Rechten, zur Linken –
Und an Schuld hab' ich niemals gedacht –
Mir ein bißchen vom Leben, dem flinken,
Und das bei der Stille der Nacht.

Sommer 1959 · Komarowo

5. Der Leser

Man gräme sich nicht so unendlich
Und sei nicht verschlossen, o nein! –
Um denen, die leben, verständlich
Und angelweit offen zu sein.

Die Rampe liegt unter den Schritten
Erstorben und grell und kahl,
Die eisige Glut der Soffitten
Brennt auf Dichters Stirne ein Mal.

Doch der Leser ist immer verborgen
Und wie ein vergrabener Schatz,
Auch der stumm ist heute und morgen,
Der beliebige, letzte am Platz.

Denn was die Natur uns mit Listen
Nach ihrem Ermessen entzieht,
Hier ist es: zu sicheren Fristen
Ein Schluchzen, das keiner sieht.

Und wieviel nächtliches Grauen
Und Schatten und Kühle ist hier,
Wo die Augen, die fremd mich beschauen,
Im Frühlicht sprechen mit mir.

Bald tadeln sie, was ich erreichte,
Bald heißen sie anderes gut.
Da strömt eine schweigende Beichte,
Des Redens gesegnete Glut.

Das wenige, was uns gegeben,
Ist eng von der Zeit umzäunt,
Doch er wird unwandelbar leben,
Des Dichters verborgener Freund.

Sommer 1959 · Komarowo

6. Das letzte Gedicht

Das eine, als löse den Donner man aus,
Lebendigen Atems, bricht plötzlich ins Haus,
Macht lachen und lacht ohne Ende
Und dreht sich und klatscht in die Hände –

Ein andres entsteht in der Stille der Nacht,
Beschleicht mich, ich hab' seiner Herkunft nicht acht,
Und schaut aus dem Spiegel, dem leeren,
Sich murrend bei mir zu beschweren.

Doch gibt es auch solche, die mitten im Licht
Und fast so, als achteten meiner sie nicht,
Aufs reine Papier sich ergießen,
Wie Quellen dem Berghang entfließen.

Und wieder ein andres mit schlenderndem Gang,
Nicht Klang und nicht Farbe, nicht Farbe, nicht Klang,
Das blitzt und changiert und sich windet,
Ist eins, das sich lebend nicht bindet.

Doch Tropfen für Tropfen saugt jenes mein Blut,
So wie es die Liebe der Jugend wohl tut,
Und ohne ein Wörtchen zu sagen,
Ward's neu in das Leben getragen.

Und grimmeren Schmerz hab' ich niemals gekannt,
Als daß seine Spur in Bereiche entschwand,
Da alle Extreme verschweben,
Und ohne es geht's mir ans Leben.

1. Dezember 1959 · Leningrad

7. Epigramm

Vermochte Bice Dantes Ruhm zu brechen
Und Laura ihrer Liebe Glut zu zeigen?
Ich hab' die Frauen zwar gelehrt zu sprechen,
Doch, lieber Gott, wie bringt man sie zum Schweigen?

1958

8. Über Verse

An Wladimir Narbut

Diese Trester wacher Nächte,
Dies vertropfte Kerzenwachs
Und aus tausend Glockenschächten
Hall des ersten Morgenschlags.
Fensterbretter, warm beschienen,
Und Tschernigows Mondespracht,
Und der Steinklee und die Bienen,
Sommerhitze, Staub und Nacht.

April 1940 · Moskau

10.

Wahrlich, vieles hab' ich zu besingen,
Was die eigne Stimme nur umgreift,
Stumme Dinge, die im Donner klingen
Oder die durch Nebelschwaden dringen
Oder die der Stein im Urgrund schleift.
Mit dem Wind, dem Wasser und dem Feuer
Bin ich noch in keiner Weise quitt,
Aber meine Traumesabenteuer
Öffnen mir die Pforten, ungeheuer,
Nehmen mich zum Morgensterne mit.

1936/60

Ballade

In Büchern aber pflegt' ich jeder andern
Die allerletzte Seite vorzuziehn,
Wenn Held und Heldin keinen mehr bekümmern
Und so viel Jahre hingegangen sind,
Daß niemand mehr mit ihnen Mitleid äußert
Und der Verfasser selber
Den Anfang offenbar vergessen hat
Und, wie ein schönes Buch es formulierte,
»Die Ewigkeit schon graue Haare kriegt«.
Doch jeden Augenblick
Ist alles aus, und wieder ist der Autor
Unrettbar einsam, und da sucht er noch
Aus Leibeskräften geistreich zu erscheinen,
Vielleicht auch, Gott verzeih es ihm, pikant
Durch einen schön verpaßten Galaschluß
Zum Beispiel dieser Art:
... und in zwei Häusern blieb
Nur eine Umrißzeichnung im Profil,
Nicht Frau, nicht Mann (von irgendwem skizziert
Auf weißgekalkter Wand) in jener Stadt
(Die keinen Namen hat) davon zurück.
Und wenn, so sagt man, über diese Wand
Zu mitternächt'ger Zeit der grüne Strahl
Des tiefen Monds von Mittelasien wandert
Und ganz besonders in der Neujahrsnacht,
Dann hört man irgendeinen leichten Laut –
Die einen glauben wohl, es sei ein Weinen,
Die andern meinen, Worte draus zu hören.
Doch dieses Wunder wurde langsam lästig.
Viel Fremde kamen nicht, und die am Ort
Gewöhnten sich daran. Man sagt sogar,
Man habe das verwunschene Profil
Im einen Haus mit Matten zugedeckt.

25. November 1943 · Taschkent

Puschkin

In ein Buch

Was ist der Ruhm, wer kann es sagen!
Wie teuer mußt' er ihn erjagen,
Was trug ihm Macht und Gnade ein,
So klug-verschmitzten Scherz zu wagen,
Geheimnismächtig stumm zu sein,
Zu sagen: Beinchen statt: ein Bein.

7. März 1943 · Taschkent

(1)*

Unser geheiligtes Handwerk lebt
Schon Jahrhunderte unverzagt.
Lichtlos ist es um Helle bestrebt,
Aber keiner der Dichter hat's je gewagt
Und der Weisheit, dem Alter das Dasein versagt,
Ja dem Tode das Dasein versagt.

(2)

Unser geheiligtes Handwerk
Besteht schon Tausende Jahre...
Mit ihm ist die Welt auch ohne Licht erhellt.
Doch hat noch kein Dichter je gesagt,
Daß es keine Weisheit gibt, kein Alter gibt
Und vielleicht auch keinen Tod.

25. Juni 1944 · Leningrad

* Dieses Gedicht bringen wir in zwei verschiedenen Übertragungen.

Im Jahre Vierzig

1.

Der Epoche, gesenkt in die Erde,
Erklingt überm Grabe kein Chor.
Ein Schmuck der Toten zu werden
Steht Nessel und Distel bevor.
Nur Totengräber... Sie stehen
Am Grabe, sind flink und gewandt.
Man hört, wie die Stunden vergehen.
So still, Herr, ist's über dem Land.
Und dann taucht sie auf – eine Leiche.
Im Fluß treibt sie frühjahrs hinab.
Doch dem Sohn ist sie fremd, diese bleiche.
Voll Gram kehrt der Enkel sich ab.
Und Köpfe sind da, die sich neigen;
Der Mond pendelt hin, pendelt her.

Und ebenso ist jetzt das Schweigen.
Überm toten Paris liegt es schwer.

5. August 1940

2. Den Londonern

Shakespeares letztes Drama zu lesen
Gibt uns die Zeit, nicht erzitternd dabei.
Selbst bei dem schrecklichen Festmahl gewesen,
Werden wir Lear, Hamlet, Cäsar jetzt lesen
Besser am Flusse, der grau ist wie Blei.
Besser, wie wir Julias Sarg heut erheben,
Singend am Grab bei des Fackellichts Schein;
Besser, wie wir mit dem Mörder heut beben,
Schaun zu Macbeth in das Fenster hinein.
Dies nur ist nicht uns zu lesen gegeben,
Nein, dieses nicht, dieses nicht, dieses – nein!

1940

3. Der Schatten

> Was weiß eine Frau allein
> von der Todesstunde?
> *Ossip Mandelstam*

Die du am schönsten stets, am rosigsten gewesen,
Was schwimmst du von dem Grund vergangner Zeit empor?
Was schaukelt dein Profil mir in der Kutsche Gläsern
Erinnrung räuberisch als zartes Bildnis vor?
Wie stritt man damals drum: Ein Engel oder Vogel?
Der Dichter nannte einst den Strohhalm dich.
Durch Wimpernschwarz ist auf uns hingeflogen
Aus deinem Blick darjalskisch-zartes Licht.
Du Schatten! O vergib! Es war die Luft, die reine,
Schlaflosigkeit, Flaubert, des späten Flieders Pracht.
Im Jahre dreizehn du der schönsten Frauen eine,
Du und dein lichter Tag sind so mir nahgebracht.
Jedoch von solchen Bildern wollen keine
Für mich sich schicken, Schattenbild der Nacht!

9. August 1940, abends

4.

Von Stunden, schlaflos hingleitenden,
Hab' ich Schlucht und Pfad gesehn;
Doch diese hier gleichen Reitenden
Bei wildem Trompetengetön.
In leere Häuser hin gehe ich,
Jüngst jemandes Zufluchtsstatt.
Wie still ist's. Nur Schatten sehe ich
In Spiegeln dort schimmern matt.
Und was dort im Nebel? Welch ein Ort?
Sind Dänen, Normannen so weit?
Oder war ich selbst einmal früher dort,
Und hier verwandelt sich fort und fort
Auf ewig vergeßne Zeit?

1940

5.

Doch ich verkünde euch vorher:
Ich lebe jetzt, dann niemals mehr,
Und nicht auf Schwalbenschwingen,
Nicht Ahorn, Schilf, nicht Sternenlicht,
Nicht Quellenwasser komme ich.
Auch nicht als Glockenklingen
Werd' ich verstörn der Menschen Herz
Und mit dem Stöhnen voller Schmerz
In fremde Träume dringen.

1940

Kriegswind

3. Das erste Ferngeschütz vor Leningrad

Und in dem Alltag, bunt und traut,
War's plötzlich nicht wie eh'r –
Nicht aus der Stadt kam dieser Laut
Und nicht vom Dorfe her.
Entferntem Donnerrollen glich
Er wie ein Bruder anfänglich,
Jedoch im Donner muß
Die Feuchtigkeit der Wolken sein
Und die Begier von Flur und Hain
Nach frohem Regenguß;
Doch höllisch trocken krachte der;
Bestürzt, verwirrt war das Gehör,
Je mehr er wuchs im Wind,
Weil, sich verbreitend, er im Flug
Voll kalter Gleichgültigkeit trug
Verderben meinem Kind.

September 1941

4.

Todesvögel stehn in der Luft,
Da Leningrad um Hilfe ruft.

Lärmt nicht, noch kann es sich atmend erheben,
Hört noch alles, ist am Leben:

Auf der Ostsee tiefem Grund
Stöhnen die Söhne im Schlaf sich wund:

Brot! – aus innersten irdischen Qualen
Dringt dieser Ruf zu den Himmelsschalen...

Doch der Himmel hat kein Brot.
Und aus dem Fenster blickt: der Tod.

28. September 1941 · Im Flugzeug

5. Tapferkeit*

(1)

Wir wissen, was heute am schwersten wiegt,
Was heute geschieht. Die Stunde
Der Tapferkeit hat uns geschlagen – wer biegt,
Wer bricht uns mit ihr im Bunde?
Trotz toter Kugeln leben wir fort
Mit dem Tod unter einem Dache.
Du bleibst uns erhalten, du russisches Wort,
Du große russische Sprache.
Vor Untergang und Gefangenschaft
Bewahren wir deine Reinheit und Kraft
        Für immer.

* Dieses Gedicht bringen wir in drei verschiedenen Übertragungen.

(2)

Wir wissen, was heut auf der Waagschale liegt,
Was vorgeht in unseren Tagen.
Der Mut und die Kühnheit verlassen uns nicht,
Die Stunde des Muts hat geschlagen.
Von Kugeln zu sterben, ohn' Obdach zu sein,
Das ist keine schreckliche Sache –
Dich aber behüten wir makellos, rein,
Gewaltige russische Sprache!
Für unsere Enkel bewahrn wir dich treu
Vor schnöder Gefangenschaft, vor Sklaverei
Auf ewig!

(3)

Wir wissen, was jetzt auf die Waage gelegt
Und was diese Kriegstage fassen.
Und wenn uns die Stunde des Muts heute schlägt,
So wird uns der Mut nicht verlassen.
Und raffen uns feindliche Kugeln auch fort,
Verheert auch der Krieg unsre Städte,
Dich wahren wir, herrliches russisches Wort,
Dich, heilige Sprache der Väter.
Dich retten wir furchtlos vor schmählichem Joch,
Vermachen den Enkeln dich frei, rein und hoch
Auf ewig!

23. Februar 1942

6.

Dem Gedenken an
meinen Nachbarn,
einen Leningrader
Knaben

Im Garten sind Gänge gegraben,
Die Brandstatt wird klein.
Leningrads Waisenknaben –
Kinderchen mein.
Kein Atmen im Keller.
Die Schläfen schmerzwund.
Ein Ton, horch, ein geller,
Aus Kindesmund.

23. April 1942 · Taschkent

8. Nox

Standbild »Nacht« im Sommergarten

Nächtchen fein!
In der Sternendecke
Im Trauermohn mit der Eule, die wacht.
Töchterlein!
Wie sorgsam wir dich versteckten
In des Gartens frisch-erdigem Schacht.
Entschwunden sind des Dionysos Weine,
Die Augen der Liebe verweint.
So haben ob unserer Stadt sich deine
Schaurigen Schwestern vereint.

30. Mai 1942

Kinder sprechen

In Gärten loht zum erstenmal der Mohn,
Die Stadt ist sommerfroh und atmet frei
Den frischen, salzig-würz'gen Küstenwind.
Flußabwärts gleiten bunte Boote hin;
Die sachten Schatten junger Lindenbäumchen,
Der trauten Fremdlinge auf trockenem Asphalt,
Sind wie ein glühend Lächeln...

Da dringen herbe Klänge in die Stadt,
Chorstimmen sind's – aus einem Waisenchor –,
Und keine höhern, reinern Töne gibt's,
Nicht laut, doch hörbar auf der ganzen Welt.
Im Schalltrichter hallt heute diese Stimme,
Wie eine Flöte schrill,
                                        wogt unter den
Kastanien der schwülen Stadt Paris,
Aus öd gewordnen Städten längs des Rheins
Und aus dem alten Rom.
                                               Und prägt sich ein
Wie einer Lerche Morgenlied und ist
Jedwedem nah und ganz und gar verständlich...
Oh, der dies heutzutage spricht, ist der,
Der über seiner Wiege Augen sah
Wahnsinnsverzerrte und entstellte Augen,
Die früher ihn allzeit so angeschaut,
Als wären sie zwei Sterne –
                                                   Es ist der,
Der fragte:
                    Wann hat man Papa ermordet?
Niemand wagt, ihm zu widersprechen, ihn
Zu unterbrechen und ihn totzuschwatzen...
Er, hellhäutig und blauäugig, er ist
Der Sohn, der Enkel aller.
                                                Schwören wir,
Ihn für das Glück des Friedens zu behüten!

1. Juni 1950

Interieur

Wenn wie eine Melonenscheibe liegt der Mond
Am Fensterrand, und ringsherum herrscht nichts als Schwüle,
Wenn dann die Tür geschlossen ist und Kühle
Eiskalten Wassers aus der Schüssel steigt von Ton –
Dann ist das Haus verzaubert von dem Blau
Der zarten Zweige der Glyzinien – und die Frische
Vom Schnee des Handtuchs leuchtet, auf dem Tische
Brennt eine Kerze, die, wie in der Kinderzeit,
Die Falter anlockt. Wie Gewitter, weit,
Rollt Stille, die mein Wort nicht hört –
In rembrandtischen Ecken
Versammelt sich die Schwärze, um sich zu verstecken.
Ich fahr' nicht auf, kein Schreck kann mich entsetzen:
Mich hat die Einsamkeit umstrickt mit ihren Netzen.
Der Wirtin schwarzer Kater schaut mich an
Wie 's Auge der Jahrhunderte.
Mein Doppelgänger dort im Spiegel kann
Mir nicht mehr helfen. – Süß
Werde ich schlafen, schlaf geruhsam, Nacht.

28. März 1944 · Taschkent

Es sind deine Luchsaugen, Asien,
Die etwas in mir erspäht,
Die hervorlockten etwas Verborgnes,
Das die Stille gebar,
Das schwer zu ertragen und quälend
Wie in Termes die Mittagsglut,
Als ob der Vorzeit Gedächtnis wie glühende Lava
Mir in das Bewußtsein sank,
Als wär es mein eigenes Schluchzen,
Das aus fremden Händen ich trank.

1945

Vierzeiler

Herr, du siehst, ich bin des Lebens müde,
Und ich schau gelassen in die Gruft.
Alles nimm, o Herr, doch gib mir wieder
Deiner Rose jugendlichen Duft.

1962

Verlöscht ist meine stolze Fackel,
Doch Gott bewahre mich vorm Los,
Zu sehn des Unglücks goldnen Makel
Auf junger Stirn, noch faltenlos.

1962

Der eine schreitet gradeaus,
Der andre geht im Kreise
Und sucht sein Weib, sein Vaterhaus,
Das Ende seiner Reise.
Mein Lebensweg ist lang und schwer,
Und ich erreiche leise
Das Nirgendheim, das Nimmermehr –
Wie Züge vom Geleise.

1940

Drei Herbste

Des Sommers Lächeln – mir bleibt es verschlossen,
Kein Rätsel der Winter mir gibt.
Doch in jedem der Jahre – sie flohn und verflossen –
Hab' ich drei Herbste geliebt.

Und einer, der erste – ein festliches Gleiten,
Als höhne den Sommer er nur,
Und Blätter wirbeln wie Fetzen von Seiten,
Und weihrauchsüß zieht der Rauch durch die Weiten,
Und hell ist und bunt die Natur.

In lichtem Gewand sind beim Festreigen wieder
Als erste die Birken zu schaun.
Sie schüttelten eilends zwei Tränen hernieder
Zur Nachbarin hinter dem Zaun.

Er währt einen Lidschlag und ist schon verflogen.
Kaum daß die Erzählung begann,
Kommt streng wie die Wahrheit der zweite gezogen,
Fliegt schwarz wie ein Bomberschwarm an.

Gealtert scheint jeder. Zum Raub ist gefallen
Des Sommers Geborgenheit dort,
Wo goldner Trompeten Märsche verhallen
Und ziehen im Nebelduft fort...

Kühl liegt im Wallen des Weihrauchs verborgen
Die Veste, wo Sonne sonst loht.
Doch der Wind frischt auf und zerreißt diese Wände.
Und alle begreifen: das Stück geht zu Ende;
Kein Herbst ist's, sondern der Tod.

6. November 1943 · Taschkent

AUS DEM BAND
»FÜR EINEN GAST AUS DER ZUKUNFT«

I. CINQUE

Autant que toi sans doute il te sera fidèle,
Et constant jusque à la mort.
Charles Baudelaire

1.

Denk' an dich, an dein Wort ich zurück,
So erfüllt mich unsagbares Glück.

Und auch dir hat der Morgen getagt
Von den Worten, die ich dir gesagt.

Unter uns versank Erde und Welt,
Unser Weg war im Sternengezelt.

Weder Scham noch Verzweiflung noch Leid,
Kein Vorher, kein Danach, keine Zeit.

Doch du lebst und du hörst – nicht im Traum –
Meinen Ruf durch den endlosen Raum.

Niemals schlag ich die Tür, welche du
Einst ein Stück weit geöffnet hast, zu.

26. November 1945

2.

Es ersterben im Äther die Klänge,
Und die Dämmerung ist fast wie Nacht,
Und verstummt ist der Welt Gedränge,
Deine Stimme und meine nur wacht.
Fern vom Ladogasee her geflogen
Kommt's im Winde wie Glockenklang:
Zwei sich kreuzende Regenbogen –
So nimmt unser Gespräch seinen Gang.

20. Dezember 1945

3.

Nichts mied ich all mein Lebtag so,
Als Mitleid zu erregen.
Allein dein Mitleid macht mich froh
Auf meinen dunklen Wegen.
Rings um mich Licht und Morgen nun,
In mir die Kraft zum Wundertun:
Allein durch dich.

20. Dezember 1945

4.

Nur mit Bitternis kann ich gedenken
Jenes Tags, da du kamst zu mir.
Was dir nun zur Erinnerung schenken?
Meinen Schatten? – Was soll er dir?
Oder Widmungen alter Dramen,
Deren Asche der Wind schon zerblies?
Jenes Bildnis, das seinen Rahmen
In der Neujahrsnacht schrecklich verließ?
Jene Birkenscheite, die leise,
Leise knisterten in der Nacht?
Von fremder Liebe die Weise,
Die du nicht zu Ende gebracht?

6. Januar 1946

5.

Wir erscheinen uns selbst als Verlorene,
Und wir wissen doch nichts von Schuld,
Unter Sternen des Unheils Geborene:
Niemals fand uns des Schicksals Huld.
Dichter Januarnebel bedeckte uns,
Und wir wußten nicht aus und nicht ein,
Und bei Nacht – bis zum Wahnsinn – erschreckte uns
Ferner Brände unsichtbarer Schein.

11. Januar 1946

II. DIE HECKENROSE BLÜHT

Aus einem verbrannten Heft

And thou art distant in Humanity
John Keats

Statt daß zum Feiertag ich Grüße an euch richte,
Bringt dieser harte, trockne Wind
Euch den Geruch von dem, was längst zunichte,
Den Beigeschmack des Rauchs und die Gedichte,
Die von der eignen Hand geschrieben sind.

24. Dezember 1961

1. Das verbrannte Heft

Schon glänzt inmitten sie der Bücherreihen,
Die Schwester, die kein Unglück hat versehrt,
Doch du liegst unter den unendlich freien
Gestirnen in der Glut, die dich verzehrt.
Du hast gefleht: wie sehr wolltest du leben,
Des Feuers Beize füllte dich mit Furcht!
Doch da begann dein Leib plötzlich zu beben,
Und deine Stimme, fliegend, sie hat mich verflucht.
Da rauschten alle Kiefern, und sie neigten
Über den mondbeglänzten Spiegel sich.
Und um den Holzstoß tanzten ihre Totenreigen
Die Frühlinge, heilig und feierlich.

1961

2. In Wirklichkeit

Fort ist die Zeit und fort ist der Raum,
Und mir gelang's durch die weiße Nacht,
Die Narzisse zu sehn bei dir im Kristall
Wie auch den blauen Zigarrenrauch.
Und auch jenen Spiegel, wie Wasser klar,
In dem du ungetrübt sahest dein Bild.
Fort ist die Zeit und fort ist der Raum...
Doch helfen kannst auch du mir nicht.

13. Juni 1946

3. Im Traum

Schwarze Trennung, immerwährend, trage
Ich mit dir gemeinsam. Ach, du weinst?
Gib mir lieber deine Hand und sage,
Daß du wieder mir im Traum erscheinst.
Wie die Berge, die nicht zueinander
Kommen, scheint es mir mit dir: Für uns
Gibt's auf dieser Welt kein Miteinander.
Doch ein Stern, mag sein, schickt deinen Gruß.

15. Februar 1946

4. Erstes Liedchen

Der geheimen Nichtbegegnung
Triumph – er sei beklagt:
Unausgesprochene Sätze
Und Worte, nie gesagt.
Die Blicke, die sich nicht trafen,
Wissen nicht wohin.
Und froh sind nur die Tränen,
Die fließen und fließen, blind.
Die Moskauer Heckenrose
Hat – leider! – damit zu tun...
Und das alles werden sie nennen
Unsterbliche Liebe nun.

1956

5. Ein anderes Liedchen

> Die Sätze, niemals ausgesprochen –
> Ich sag sie nicht mehr her für mich.
> Doch jener Nichtbegegnung zum Gedenken
> Pflanz' eine Heckenrose ich.

Ach, wie glänzte dort und sang
Unserer Begegnung Wunder,
Niemals wollte ich von dort
Wiederkehrn, wohin auch immer.
Bittre Süße war für mich
Dort das Glück anstatt der Pflichten,
Lange sprach mit jenem ich,
Mit dem ich nicht sprechen durfte.
Solln von mir aus die Verliebten
An der Leidenschaft ersticken,
Antwort heischend – wir sind, Liebster,
Seelen nur am Weltenende.

1956

6. Der Traum

Zeigt sich das Jenseits mild?
Alexander Blok

Prophetisch oder nicht war dieser Traum...
Der Mars erstrahlte zwischen allen Sternen,
Glutrot geworden, funkelnd, unheildrohend –
Doch ich in jener Nacht erträumte dich.

Du warst in allem... Warst in Bachs Chaconne,
Warst in den Rosen, die umsonst erblühten,
Warst in den Dörfern selbst im Glockenton
Über der Schwärze aufgepflügter Erde.

Und auch im Herbst, der schon ganz nahe war
Und plötzlich sich verbarg, anderen Sinns,
O mein August, wie konntest solche Kunde
An diesem schlimmen Jahrestag du bringen!

Womit kann ich bezahlen dies Geschenk?
Mit wem und wo kann diesen Sieg ich feiern?
So schreib ins reine ich, wie immer schon,
Meine Gedichte ins verbrannte Heft.

14. August 1956 · Bei Kolomna

7.

Die Straße dort, wo einst Donskoi
Die große Streitmacht führte, wo der Wind
Sich auf den Widersacher jäh besinnt,
Wo gelb der Mond und zweigehörnt
Am Himmel steht, ging ich wie in des Meeres Tiefe...
Die Heckenrose duftete so sehr,
Daß sie sogar sich in ein Wort
Verwandelte – ich war bereit,
Der neunten Woge meines Schicksals zu begegnen.

8.

Du hast mich ausgedacht. So etwas gibt es nicht
Und kann es auf der Welt nicht geben,
Das heilt kein Arzt, das lindert kein Gedicht,
Der Schatten dieses Spuks quält dich dein ganzes Leben.
Wir beide trafen uns im unfaßbaren Jahr,
Da unsre Welt von aller Kraft verlassen;
An Trauer war sie reich, der Hoffnung aber bar,
Und frisch war nur das Feld der Gräbermassen.
Laternen brannten nicht, der Fluß war schwarz wie Teer,
In jener dumpfen Nacht war nichts zu sehen...
Und da nun rief ich dich, rief ich dich zu mir her!
Und was ich damals tat, das war nicht zu verstehen.
Ein Stern hat dich geführt, nachdem du mich gehört,
Und durch des Herbstes Tragik schreitend,
Kamst du ins Haus, das ganz zerstört,
Aus dem die Verse flohn, verbrannte Flügel breitend.

18. August 1956 · Starki

9. In einem zerbrochenen Spiegel

Das Wort, gehört in jener Nacht,
War niemals wiedergutzumachen,
Es hat mich so verwirrt gemacht,
Als blickt' ich in der Tiefe Rachen.
Der Untergang ging heulend um,
Des schwarzen Gartens Uhu stöhnte,
Die Stadt, die schon der Tod verhöhnte,
War Troja wie im Altertum.
Und all das grelle Lichterbeben
Hat unsren Augen Schmerz gebracht.
Die Gabe, die du mir gegeben,
War anders, als du es gedacht.
Ein Spielzeug wollte sie dir scheinen
In jener Stunde Feuerbrand.
Doch sie begann mich zu verneinen,
Hat wie ein Gift mich übermannt,
Hat quälend mein Geschick durchdrungen –
Vergessen wollten wir's! ... Jedoch,
Das Treffen, das uns nicht gelungen,
Weint hinter jeder Ecke noch.

1956

10.

Du bist wieder mit mir, o Herbst, mein Freund!
Innokentij Annenski

Mag jemand noch ruhen in südlichen Gauen,
Vom Garten Eden beseelt,
Hier ist es sehr nördlich – ich habe die Auen
Des Herbstes zur Freundin erwählt.

Das Haus ist so fremd, als wär's nur ein Schatten,
Und ich scheine aufgebahrt;
Gar Seltsames haben im Abendermatten
Die Spiegel für sich bewahrt.

Kleine Fichtenbäume trägt hier die Erde,
Das Heidekraut ähnelt dem Wind,
Es leuchtet trübe des Mondes Scherbe,
Ein schartiges Messer im Spind.

Beseligt erinnern sich meine Gefühle,
Wie wir damals einander verfehlt' –
Der leichten Flamme Reinheit und Kühle,
Als Sieg übers Schicksal gewählt.

1956 · Komarowo

11.

Gegen meinen Willen, Königin,
habe ich dein Land verlassen.
Vergil, Aeneis 6,460

Erschrick nicht – denn ich kann in dieser Stunde
Uns beide ähnlich sehen wie noch nie.
Ob du ein Geist bist, ein Passant – aus irgendeinem Grunde
Bewahr' ich deinen Schatten auf, denn sieh:

Du warst nicht lange damals mein Äneas. –
Ein Scheiterhaufen reichte für mich aus.
Ja, wir verstehen es, uns zu verschweigen.
Vergessen hast du mein verfluchtes Haus.

Du hast vergessen die in Qual und Grauen
Durchs Feuer ausgestreckten Hände und die Stimmen
Der Hoffnung, die verruchten. Mit Vertrauen

Hat man verziehen dir – du weißt es nicht. Vorbei...
Rom ist erschaffen. Und es schwimmen
Flottillen. Und den Sieg preist Schmeichelei.

1962 · Komarowo

12.

Du verlangst mein Gedicht unumwunden...
Doch du lebst auch, wenn kein Vers mehr brennt.
Wenn im Blut jetzt kein Gramm auch mehr sein mag,
Das das Bittre der Strophen nicht kennt.

Wir verbrennen des irrealn Lebens
Goldnen und prunkvollen Tag,
Doch von einer Begegnung im Himmel
Flüstern nicht uns die Lichter der Nacht.

Und von unserem Reichtum verströmt sich
Einer Welle kühlender Duft,
So, als läsen erschauernd wir Namen
Auf einer verwitterten Gruft.

Nichts endgültiger als diese Trennung.
Dann schon lieber zu Boden gestreckt...
Und wahrscheinlich hat hier auf Erden
Niemand getrennter gelebt.

1962 · Moskau

13.

Und werden für die Menschen wird
Dies wie des Vespasianus Zeiten.
Dabei war dies nur eine Wunde
Und über ihr ein Wölkchen Qual.

18. Dezember 1964, Nacht · Rom

III. MITTERNÄCHTLICHE VERSE

Sieben Gedichte

Nur der Spiegel schaut träumend den Spiegel
und Stille hat Stille bewacht...

Zahl

Statt einer Widmung

Ich irr' über Wellen und berg' mich im Wald,
Bin auf reinem Email zu schaun,
Die Trennung verwinde ich sicherlich bald,
Dich wiederzusehen – kaum.

Sommer 1963

1. Vorfrühlingselegie

...toi qui m'as consolée.
Gérard de Nerval

Im Wald sind die Stürme verklungen,
Doch trunken auch ohne Wein
Hat die Stille selbst uns gesungen,
Ophelia schien es zu sein.

Und der, den ich scheinbar erblickte,
Er war mit der Stille verlobt,
Er schied, doch er blieb und beglückte
Mich fürstlich auf Leben und Tod.

10. März 1963 · Komarowo

2. Erste Warnung

Was geht's uns im Grunde an,
Daß Staub wird alles, was lebte,
Über wieviel Tiefen ich sang,
Durch wieviel Spiegel ich schwebte.
Und bin ich nicht Traum und nicht Trost
Und noch viel weniger Segen,
So ist vielleicht dies dein Los:
Erinnerung wird sich regen
An den Nachhall im stillen Gedicht,
An des Augengrundes Fülle,
Wo rostig ein Kranz liegt, der sticht
In seiner ruhlosen Stille.

6. Juli 1963 · Moskau

3. Im Spiegelland

O quae beatam, Diva,
tenes Cyprum et Memphin...
Hor.

Die Schöne scheint sehr jung zu sein,
Doch nicht in unsrer Zeit geboren,
Wir beide sind uns wie verloren,
Denn jene läßt uns nie allein.
Du richtest ihr den Sessel hin,
Ich hab' mit Blumen sie empfangen...
Doch jede Stunde wächst das Bangen,
Und es verwirrt sich unser Sinn.
Als öffne sich die Kerkertür,
Weiß jeder Schreckliches vom andern.
Als ob wir durch die Hölle wandern.
Womöglich sind das gar nicht wir.

5. Juli 1963 · Komarowo

4. Dreizehn Zeilen

Und schließlich sprachst du jenes Wort zu mir,
Du sprachst es nicht auf Knien, nicht unbesonnen,
Nein, so, als wärst du einer Haft entronnen
Und Birkenschatten leuchte heilig dir,
Und Tränen brächen ungewollt herfür.
Die Stille schien als Lied um dich zu sein,
Die reine Sonne hieß das Dunkel weichen,
Es schien die Welt sich selbst nicht mehr zu gleichen,
Und seltsam anders schmeckte uns der Wein.
Und ich sogar, die dazu ausersehn,
Dies göttlich' Wort als Mörder zu ersticken,
Ich mußte stumm, in Ehrfurcht niederblicken:
Des Lebens Segen sollte fortbestehn.

8.–12. August 1963

5. Ruf

Ich werde sorgsam, mit Geduld,
Dich der Sonate übergeben.
Wie wird dein Ruf sich laut erheben!
Es ist nun einmal deine Schuld,
Daß du dich mir ganz ohne Not
Genähert, um mich zu ergründen...
Dein Traum: zur Stille hinzuschwinden,
Als wär' ein Opfer nur dein Tod.

1. Juli 1963

6. Nächtlicher Besuch

Alle gingen, und niemand kam wieder.

Nicht auf dem Asphalt, dem blätterschweren,
Mußt du lange stehn.
Im Adagio von Vivaldi werden
Wir uns wiedersehn.
Trübe werden meine Kerzen ragen,
Die vom Traum verflucht,
Doch der Geigenbogen wird nicht fragen,
Wie du mich besucht.
Stumm, in Todesstöhnen, wird vergehen
Diese Mitternacht,
Auf den Händen wirst du wieder sehen
Meine Wundermacht.
Und die Unruh heißt dich dann nicht bleiben;
Sie, dein Schicksalsstern,
Wird dich fort von meiner Schwelle treiben
In die Brandung fern.

10.–13. September 1963 · Komarowo

7. Zum Beschluß

Wie einen Meerstern sahen wir sie stehen,
Zur letzten Prüfung war ihr Strahl entsandt;
Du hast in ihr nur Kummer, Leid gesehen,
Und Freude hast du niemals sie genannt.

Am Tage sahn wir sie als Schwalbe kreisen,
Als Lächeln blühte sie auf unserm Mund;
Doch nachts, da würgte ihre Hand aus Eisen
Uns beide, weit getrennt, zu gleicher Stund.

Und ohne Lobeshymnen zu vernehmen,
Sucht sie die frühren Sünden nicht hervor:
Sich an das Bett, das ohne Schlaf ist, lehnend,
Sagt sie verfluchte Verse mir ins Ohr.

23.–25. Juli 1963

Statt eines Nachworts

Wo man die Träume all erschafft,
Hat einen man uns zwei gegeben:
Wir sahen ihn, doch seine Kraft
War wie des Frühlings neues Leben.

1965

Mach nicht Angst mir mit grausem Geschick
Und der trostlosen nördlichen Breite,
Heute feiern wir zwei unser Glück:
Unsre Trennung feiern wir heute.
Ist es wichtig, das Frührot zu sehn
Und den irrenden Mond zu erblicken?
Heute wird dir Beßres geschehn,
Wenn dich *meine* Gaben beglücken:
Gespiegelt im Fluß mein Gesicht,
Da der Schlaf dem Wasser noch ferne;
Der Blick eines Menschen, der nicht
Zum Himmel zurückhalf dem Sterne;
Das Echo der Stimme, die arm,
Aber einstmals sommerlich blühte –
Damit dich vorm Krähenschwarm
Von Moskau all dies behüte,
Damit des Oktobers Schein
Dir die Süße des Maien schenke ...
Mein Engel, gedenke mein,
Bis zum ersten Schnee nur gedenke.

15. Oktober 1959 · Jaroslawer Chaussee

So senkten wir schon die Augen,
Warfen die Blumen aufs Bett,
So wußten wir bis zuletzt nicht,
Wie man zu rufen sich hätt'.
So haben wir bis zuletzt nicht
Namen zu sagen gewagt,
Gleichsam am Ziel noch verzögernd
Magischen Märchenpfad.

Februar 1965 · Moskau

AUS DEM BAND »UNGERADE«

Sonett vom Meeresstrand

Hier ist nur, was mich überlebt,
Selbst diese brüch'gen Starenkästen
Und diese Luft, aus Osten, Westen
Als Lenzluft übers Meer geschwebt.

Der Ruf der Ewigkeit erhebt
Mit Stimmen sich, unirdisch-festen,
Derweil ob blühnden Weichselästen
Das Mondlicht sanfte Bläue webt.

In des smaragdnen Dickichts Blinken
Will mich der Weg nicht schwer bedünken,
Weg – ich sag' nicht, wohin und wo...

Dort zwischen Stämmen gar welch Schimmern!
Als wollt's an die Allee erinnern
Beim Teich von Zarskoje Selo.

Juni 1958 · Komarowo

Musik

für D. D. Sch.

Ein wundertätig Brennen ist in ihr,
Und außen sieht man Edelsteine sprühen.
Sie führt alleine ein Gespräch mit mir,
Wenn andre furchtsam meine Nähe fliehen.
Und als der Freunde letzter fortgeblickt,
Da ist sie in mein Grab herabgekommen
Und sang – da hat Gewitter mich erquickt,
Zu sprechen haben Blumen da begonnen.

1957/58

Kleine Lieder

1. Weglied oder Stimme aus der Dunkelheit

Hast davor gezittert?
Schon hat's dich gewittert!
Brauchst dich doch vor nichts zu fürchten.
Dies Lied ist verklungen,
Ein andres ist gesungen,
Das ganz ähnlich ist,
Wie ihr wißt...
          Christ!

1943 · Taschkent

2. Überflüssiges Lied

Es tröstet Angst. Es wärmt das Schneien.
Am Tod vorbei führt Nacht.
Was nur konnte uns entzweien...
Wie hat man's vollbracht?

Soll ich uns vom Bann befreien,
Tue eins, mein Herz:
Such dir irgendeinen neuen,
Nur nicht diesen Schmerz.

Juli 1959 · Komarowo

3. Abschiedslied

Ohne Lachen, ohne Singen
Ist der Tag vergangen,
Und ich wollt' nur *ein* Gelingen,
Als wir zwei begannen:
Daß wir anfangs sorglos streiten,
Uns nicht gleich zerreißen,
Dann die letzte Speis' bereiten,
Stumm und kaum zu beißen.

1959

4. Das Letzte

Gelabt an Phantasien,
Gelabt am Grabgesang.
Unglück ausgeliehen,
Bis mir angst und bang.
Vorhang nicht gehoben,
Schatten tanzten hier,
Der, der mir entzogen,
War der Nächste mir.
Daß es so gekommen,
Bis zur Rose scholl.
Doch ich hör' beklommen,
Wie die Träne quoll.

1964

Aus dem Zyklus

Seiten aus Taschkent

Wir hatten uns um den Verstand gebracht,
Uns leuchtete nur das Unheil der Nacht,
Ein Blühen war da, ein Verwelken,
Der Duft der asiatischen Nelken.

Wir schlenderten lang durch die fremde Stadt,
Die wild vor Gesang und vor Hitze noch matt;
Allein unterm Sternbild der Schlange –
Wie war's voreinander uns bange.

Zwar konnte das Istanbul sein, auch Bagdad,
Doch leider nicht Warschau und nicht Leningrad,
Sie waren so bitter verschieden,
Wie Waisenluft tat's uns betrüben.

Uns schien es, Jahrhunderte schritten dahin,
Verborgene Trommeln umfingen den Sinn,
Die Töne, gleich heimlichen Zeichen,
Sie wollten im Finstern nicht weichen.

So gingen wir beide nur einmal dahin
Auf der Erde, die niemandes Eigentum schien;
Der Mond: Feluke im Hafen,
Dort, wo wir zur Trennung uns trafen.

Und kehrt jene Nacht dir einmal zurück
In deinem mir rätselhaften Geschick,
So wisse: Die heiligen Stunden
Hat auch ein andrer gefunden.

1. Dezember 1959 · Leningrad

Antikes Blatt

1. Der Tod des Sophokles

Da verstand der König,
daß Sophokles gestorben war.
Legende

Ein Adler flog des Nachts vom Himmel auf sein Haus,
Und düster sang der Chor der Zirpen rings im Garten.
Doch ging zu dieser Stund der Genius schon hinaus
In die Unsterblichkeit, vorbei an den Standarten.
Der König aber hört' im Traum ein seltsam Wort:
Dionysos befahl, das Lager aufzuheben,
Damit vor Lärm geschützt des Toten letzter Ort
Und um Athen die Zeit fürs Totenfest zu geben.

1961

2. Alexander bei Theben

Den jungen König hört wohl jeder schreckgebannt,
Als er die Worte spricht: Geh hin, vernichte Theben.
Der alte Führer sah die Stadt sich stolz erheben,
Wie er sie früher noch, in alter Zeit, gekannt.

All das des Feuers Fraß! Der König nannte schnell
Die Türme, jedes Tor, der lichten Tempel Höhen.
Doch da bedacht' er sich, und sein Gesicht ward hell:
Du sorge mir dafür: des Dichters Haus bleibt stehen.

Oktober 1961 · Leningrad, Krankenhaus im Hafenbezirk

Und wieder die »unvergeßlichen Daten«
Mit all den für immer verfluchten Taten.

Verfluchter jedoch sind die Morgenröten...
Ich weiß, warum sie mein Herz beinah töten –

Des Meersturms erster klingender Schauer
Ergießt sich ins Herz mit trüber Trauer.

Die Vergangenheit ist mir ein wertloser Rest,
Was willst du damit, Genosse Südwest,

Daß Linde und Ahorn ins Zimmer brechen,
Zu lärmen beginnen und sich erfrechen

Und Wasser den Bauch der Brücken bespült?
Wie ich's damals gefühlt, wie ich's damals gefühlt.

16. Juni 1945 · Leningrad, Haus an der Fontanka

Die Heimaterde

> Doch solche Menschen, ohne Klagen,
> So stolz wie wir, die gibt's dann nicht.
>
> 1922

In Amuletten tragen wir sie nicht,
In Versen werden wir sie nicht beweinen,
Sie tastet nicht am bittren Traumgesicht,
Als Paradies will sie uns nicht erscheinen;
In unserm Herzen machen wir aus ihr
Nicht ein Verkaufsobjekt zum Spekulieren,
Wenn wir auf ihr vor Not vergehen schier,
Kann das Gedächtnis sie sogar verlieren.
    Ja, für uns ist es Schmutz an den Schuhen,
    Ist es Staub, der im Munde knirscht.
    Und wir lassen die Erde nicht ruhen,
    Die doch nirgends sich eingemischt.
Doch wir legen uns hin und werden zu ihr
Und nennen sie ruhig »unser« dafür.

1961 · Leningrad, Botkin-Krankenhaus

W. S. Sresnewskaja zum Gedenken

Fast kann es ja nicht sein – du warst ja stets bei mir:
Im Glück der Linden und in den Blockadejahren,
Selbst im Gefängnis und wo böse Vögel waren
Und wilde Gräser und das Wasser giftig schier.
Wie änderte sich das – du aber warst bei mir.
Jetzt aber ist mir so, als ob die halbe Seele
Mir weggenommen wär', die, welche du gewesen –
In ihr sah ich den Grund, erkannte ich den Sinn.
Mit einem Male hab' ich alles dies vergessen...
Doch deine Stimme ruft von dort und bittet mich,
Daß ich nicht trauern soll und daß den Tod ich
Als Wunder soll erwarten.
Ich will's versuchen. Gut.

9. September 1964 · Komarowo

Wie meine eigne Heimat fühle
Ich diese Erde, bin ihr gut,
Und ebenso der Wasserkühle,
Dem zarten Eis der Meeresflut.

Den weißen Meergrund kann man sehen,
Die Luft ist trunken so wie Wein,
Die rosafarbnen Kiefern stehen
Entblößt im Abendsonnenschein.

Und dieser, den der Äther sendet,
Verwirrt mir mehr und mehr den Sinn –
Ob er den Tag, die Welt beendet?
Ob ich dem Rätsel nahe bin?

1964

AUS DEM BAND »TOTENKRANZ«

De profundis ... ihr Mitmenschen heute,
Wenig Honig ward euch. Und nun klingt,
Heult und stöhnt der Wind in der Weite
Und Gedenken an Tote singt.
Unsre Aufgabe war nicht zu Ende,
Unsre Stunden waren gezählt,
Von der sehnlichst erhofften Wende,
Von des mächtigen Bergs Gipfelwelt,
Von des rasenden Blühens Freude
Trennte nur noch ein Augenblick ...
Von zwei Kriegen, ihr Mitmenschen heute,
Ward geprägt euer Schreckensgeschick.

23. März 1944 · Taschkent

Der Lehrer

Innokentij Annenski zum Gedenken

Und der, den ich für meinen Lehrer halte,
Warf keinen Schatten, huschte schattenhaft,
Sog alles Gift, trank diesen Zaubersaft,
Erhoffte Ruhm und konnt' ihn nicht erwarten,
Der allen vorging, uns vorherbestimmte,
Mit allen litt, uns Sehnsucht inspirierte –
Und dran erstickte...

16. Januar 1945

Boris Pilnjak

Enträtseln wirst dies alles du allein...
Wenn schlaflos brodelnd, Dunkel mich umringt,
Glänzt der von Maienglöckchen helle Rain,
Der in dezemberfinstre Nächte dringt.
Auf schmalen Pfaden komm' ich dir entgegen.
Dein Lachen – sorglos ist's wie je zuvor.
Doch eine seltsam fremde Antwort geben
Dir im versprengten Echo Wald und Rohr...
Auch wenn ich eines Toten Frieden störte:
Vergib, verzeih, ich kann nichts andres tun:
Ich klage wie um ihn, der mir gehörte,
Um dich und neide dem die Tränen nun,
Der weinen kann in dieser Schreckensstunde.
Netzt keine Träne tröstend mein Gesicht,
Ach, über sie – wie gingen sie zugrunde!
Doch weinen kann mein totes Auge nicht.

1938

Michail Bulgakow

An Grabesrosen Statt siehst du bei dir nur mich,
Von keinem Weihrauchdunst getragen;
Dein Leben war so rauh, hast bis zum Ende dich
Verachtend und mit Glanz geschlagen.
Du scherztest wie kein andrer, trankest Wein,
Ersticktest fast im Engen, Trüben,
Und jenen schlimmen Gast, du ließest selbst ihn ein
Und bist mit ihm allein geblieben.
Du bist nicht mehr, und alles rings verschweigt
Dein leidvoll und erhabnes Leben,
Nur meine Stimme hört man flötengleich
Auf deiner stummen Totenfeier schweben.
Mir Halbverrückten, ach, wer hätt' mir zugestimmt,
Mir Klageweib versunkner Tage,
Mir, die nur noch auf schwachem Feuer glimmt,
Alle vergaß und ohne Habe,
Daß grade ich dein denk', der kraftvoll war und klar,
Voll scharfen Denkens, voller Willen,
Und der noch mit mir sprach, als ob es gestern war,
Verbergend Todesschmerz im stillen.

März 1940 · Haus an der Fontanka

Ossip Mandelstam

1.

Ich verneig' mich, wie vor dem Pokale,
Vor den Sprüchen, die zahllos hier stehn,
Unsrer Jugendzeit blutige Male
Lassen dunkel und zärtlich sich sehn.
In der Luft dieses Abgrunds, der gleichen,
Hab' ich nächtlich geatmet dereinst,
In den eisernen Nächten, den bleichen,
Wenn vergeblich du rufst oder weinst.

Unsre Schatten, sie fallen und fallen
Immer neu in die alte Newa,
Deren Wellen die Stufen umwallen,
Und du kommst der Unsterblichkeit nah,
Und die Schlüssel der häuslichen Türen,
Über die nun kein Laut zu dir dringt,
Und die Stimme der mystischen Lyren,
Die auf Fluren des Jenseits erklingt.

2. Woronesch

Für O. M.

Und diese Stadt ist ganz zu Eis erstarrt.
Wie unter Glas ruhn Bäume, Firste, Schnee.
Unsicher ist des bunten Schlittens Fahrt,
Trägt der Kristall, auf dem ich zögernd geh'.
Woroneschs Dom ein Krähenschwarm umgellt,
Und Pappeln und das Patinagewölbe,
Verwaschen, trüb, von Sonnenstaub getönt,
Und einen Hauch der Schlacht vom Schnepfenfeld
Verströmt das Land, machtvoll und sieggekrönt.
Und jäh wie die erhobenen Pokale
Klirrn Pappeln über uns mit ihren Ästen,
Als feierten auf unserm Hochzeitsmahle
Die Freudenstunde Tausende von Gästen.

Jedoch in des verbannten Dichters Zimmer
Stehn wechselnd Angst und Muse ihre Wacht.
Nun kommt die Nacht,
Und einen neuen Morgen kennt sie nimmer.

4. März 1936

Nikolaj Punin

Auch jenes Herz wird nicht mehr Antwort geben
Auf meine Stimme, jubelnd und betrübt.
Zu End' ist alles … Und mein Lied muß schweben
In leere Nacht, wo es dich nicht mehr gibt.

1953

Michail Soschtschenko

Einer Stimme entfernte Laute,
Aber niemand ist ringsum zu sehn.
In die Erde, die schwarze, vertraute,
Wird dein Körper zur Ruhe gehn.
Kein Fels, keine Trauerweiden
Für die Asche, die Schatten sucht;
Es werden nur kommen und weinen
Die Winde der Meeeresbucht …

Sommer 1958 · Komarowo

Boris Pasternak

Der Dichter

Er, der im Pferde fühlt den Anverwandten,
Blickt wie das Pferdeauge, schaut, versteht,
Und sieh! Schon sind geschmolzne Diamanten
Die Pfützen alle, und das Eis vergeht.

In lila Dunkel Hinterhöfe liegen,
Plattformen, Balken und der Wolken Rand,
Melonenschalen platzen, Pfiff von Zügen,
In duftendem Glacé die scheue Hand.

Es tönt, es dröhnt wie Brandung, dieses Rauschen,
Und plötzlich Stille – das bedeutet: Er
Tritt ängstlich auf im Walde, ist ganz Lauschen,
Daß er des Raumes leichten Schlaf nicht stör'.

Das heißt, daß er um jedes Korn gezittert
In leeren Ähren, daß er nach Darjal,
Zu jener Platte, schwarz und fluchumwittert,
Geeilt von irgendeinem Totenmahl.

Das Moskauer Ermatten brennt schon wieder,
Das Sterbeglöcklein klingt aus ferner Höh'...
Wer irrt dort, sinkt zwei Schritt vom Hause nieder,
Wo's Ende kommt im gürtelhohen Schnee?

Weil er den Rauch Laokoon verglichen,
Die Distel an der Friedhofswand besang,
Weil alles seinem neuen Klang gewichen,
Mit dem er einen neuen Raum errang,

Ward er belohnt mit kindlichem Erfassen,
Mit der Gestirne weitem, scharfem Blick,
Die Erde ward als Erbteil ihm gelassen,
Doch er gab allen andern sie zurück.

19. Januar 1936

Dem Andenken eines Dichters

Wie einen Vogel höre ich das Echo.
B. P.

1

Verstummt ist seine große Stimme gestern,
Die mit dem Haine sprach ein Leben lang.
Er ging zu seinen Brüdern, seinen Schwestern,
Zum Regen und zum Korn, die er besang.
Und alle Blumen fanden sich zum Reigen
Und sind dem Tod entgegen aufgeblüht.
Doch der Planet war plötzlich nur noch Schweigen,
Er, der den schlichten Namen Erde führt.

2

Wie Ödipus' Tochter den Blinden,
Hat die Muse zum Tod ihn geführt.
Und nur eine närrische Linde
Hat im trauernden Mai geblüht –
Vor dem Fenster, an dem er mir früher
Von dem Weg erzählt', der vor ihm
Sich hinzog mit goldenen Flügeln
Und wo Gott ihn zu schützen schien.

11. Juni 1960 · Moskau, Botkin-Krankenhaus

Marina Zwetajewa

Skizzen von Komarowo

O Muse des Weinens ...
M. Zwetajewa

... Von allem bin ich hier weit fort –
Von dem, was die Welt uns bietet.
Der »gute Geist« an diesem Ort
Ist ein knorriger Ast, der ihn hütet.

Alle sind wir beim Leben zu Gast,
Gewohnheit nur ist das Leben.
Auf Luftwegen hörte ich, schien es mir fast,
Zwei Stimmen, die riefen sich eben.

Zwei? Aber dort, an der östlichen Wand,
Mitten in Himbeertrieben,
Der dunkle frische Holunder stand
Ein Brief, von Marina geschrieben.

19.–20. November 1961 · Leningrad, Krankenhaus
im Hafenbezirk

VERSCHIEDENES

Aus der Tragödie

Prolog oder Der geträumte Traum

Sie spricht:

Niemand obdachloser auf der Welt,
Nichts, was weniger Zuhause hat,
Ich bin für dich die Stimme einer Laute
In Morgendämmerung, jenseitig schimmernd.
Du, der in meinen letzten Traum gedrungen,
Wirst lernen, mit dir selbst im Kampf zu liegen;
Dem Brunnen fluchst du wieder, der da knarrt,
Dem Baumgeräusch und schwarzen Flug des Raben,
Erde, Erde, über die ich schreite,
Gelber Stern, in meinem Fenster hangend,
Was ich war und was aus mir geworden,
Stunde einst, die Zeit, da ich sagte:
Du, mir scheint, ich hab' von dir geträumt;
Und der Atem deiner Flüche, voll
Von andern Worten, schimmernd zwischen ihnen:
Stärker als Umarmungen und Küsse
Und so zärtlich wie das erste Gras.

Er spricht:

Du, dreimal so bezaubernd wie die Engel,
Bist du der Weide Schwester auch am Fluß,
Ich bring' dich dennoch um mit meinem Lied
Und ohne daß dein Blut die Erde tränkt.
Ich rühre dich mit meiner Hand nicht an,
Ich seh' dich nicht und liebe dich nicht mehr,
Dein ungeheures Stöhnen aber wird
Genüge meiner Rache tun, und die,
Die vor dir in der Welt gewandert ist,
Härter als Eis und flammender als Feuer,
Die nun im Tor des Himmels oben steht –
Du nimmst mir ihren schweren Schatten fort.

Dritte Stimme:

Was Trennung uns bedeutet? Übermut;
Das Unglück gähnt, langweilt sich ohne uns,

Betrunken wälzt der Ruhm sich in die Kammer;
Wann schlägt die Stunde dreizehn? Oder auch
Vergessen, ver ... vergessen – wer ist da?
Du hast gelernt zu klopfen. Doch ich muß
Zurück zum Tor, dem neuen Schmerz entgegen.

1965

I.

. . . .

O Gott, ich kann all das, was mir geschieht, verzeihn,
Doch lieber krallt' ich mich ins Lamm als Habicht ein,
Wär' Schlange, stechend Schlafende im stillen,
Anstatt daß ich als Mensch es sehn muß wider Willen,
Was Menschen tun und ich durch diese Todesschmach
Die Augen nicht empor zum Himmel heben mag.

1916(?)

Satan hielt Wort. Mir ist alles geglückt,
Das ist der Teufelsmacht deutlichste Kunde.
Reiß aus der Brust mir das Herz, das noch zuckt,
Wirf's vor dem hungrigsten Hunde.

Besseres bin ich nicht wert mehr, was soll's,
Bringe kein einziges Wort noch zustande.
Habe kein Heut – bin aufs Frühere stolz,
Und ich erstickte an so einer Schande.

September 1922

Wenn ich ersehnter Freunde Namen rufe,
Wozu mich's aus Gewohnheit immer drängt,
Ist schon der sonderbare Ruf zerronnen,
Als Antwort nur die Stille mich umfängt...

8. November 1943

Nach dreiundzwanzig Jahren

Ich lösch' Kerzenlicht, heilig, erhaben,
Und vorbei ist mein Zauberabend;
Die da Henker und Vorläufer waren,
Falsche Namen und Titel sich gaben
Und – o weh – Staatsanwaltschaftstiraden,
Alles schwindet – im Traum nur du.
Hast den Tanz vor dem Schrein nun beendet,
Und bei Regen, Wind, Schnee sich wendet
Mir dein Schatten auf ew'gem Ufer,
Deine Stimme aus Tiefen zu.
Unermüdlich beim Namen Anna
Rufst du laut mich von neuem ... Anna!,
Sagst zu mir so wie früher ... du.

13. Mai 1963 · Komarowo;
kalt, feucht, Nieselregen

An Fensterscheiben wächst das Eis,
Die Uhr tickt: Wappne dich!
Ich höre, was da zu mir schleicht,
Fürcht' noch als Tote mich.

Wie zum Idol, fleh' ich zur Tür:
Laß nur kein Unglück ein!
Wer heult dahinter wie ein Tier,
Was birgt der Garten mein?

Mußt mich kurz doch einmal von dir lassen,
Um zu lachen oder einfach so,
Dächte sonst, Polypenarme fassen
Mich in finstrer Meernacht irgendwo.
Weiß wohl, deine Kehle ist vertrocknet,
Wie verkohlt dein Mund, kein Atem geht,
Und welch Nacht die Fittiche ausstreckte
Und an deinem Tore schmachtend steht.

Was auch der andre an Qual mir zudachte,
        Treu, nein, ich war ihm nicht treu.
Doch deine Eifersucht Zaubertrank brachte,
        Trank unersättlich ihn neu.

Zuerst wird Liebe tote Asche werden,
Der Stolz wird still, verstummen Schmeichelei.
Verzweiflung, noch dazu mit Angst verbunden,
Unmöglich fast, daß man es je erträgt.

Die bin ich nun. Ich wünsch' sie Ihnen anders
Und besser. Mit dem Glück läßt sich nicht handeln,
Wie's Scharlatan und Krämer gerne tun.
Als Sie in Sotschi Urlaub noch verbrachten,
Fühlt' Grauenvolles ich schon kommen nachtens
Und böse Glocken ließen mich nicht ruhn.

Der Frühjahrsdunst zieht über Asiens Weiten,
Und schmerzend-grelle Tulpenfelder breiten
Sich über endlos scheinendes Revier.
Was mach' ich bloß mit dieser unberührten
Natur, der Welt, die heil-naiv gespürt wird,
Was mach' ich bloß mit diesen Menschen hier!

Das Zuschaun wollte niemals mir gelingen.
Oft mußte ich in innre Sphären dringen,
So tief, wie man als Mensch nur dringen kann.
War Heilerin bei vielen Liebesleiden,
War fremden Männern allertreuste Freundin,
Untröstlich Witwe nach so manchem Mann.

Sie sind mir nicht geschenkt, die grauen Haare.
Erschreckend wirkt durch seine dunkle Farbe
Die ungewohnte Bräune des Gesichts.
Schon seh' ich Stolz und Lebenszeit entfliehen:
Wie jene andre, Dulderin Marina,
Muß trinken bald ich schon vom großen Nichts.

Umwallt von einem Tuch von tiefer Schwärze
Nahst du, mit einer grünen, grauenvollen Kerze,
Und du enthüllst mir nicht dein Angesicht.
Nicht lang wird mich des Rätsels Lösung quälen,
Wes' Hand im weißen Handschuh mir Befehl gibt
Und was der Nachtbesucher mir verspricht.

24. Juni 1942 · Taschkent

II.

Nach einem armenischen Motiv

Du träumst mich als pechschwarzes Schaf
Auf dürren, gebrechlichen Beinen,
Da komm' ich, blöke und schreie:
»Wie hast du gespeist, Schah-in-Schah?
Wie 'ne Glasperle hältst du das All.
Nach Allahs heiligem Willen...
War mein Söhnchen dir nach dem Geschmack,
Sowohl dir als auch deinen Kindern?«

Nicht umsonst denn haben wir gedarbt,
Ohne Hoffnung, einmal aufzuatmen –
Haben Eid geschworen, ja gesagt
Und sind ruhig unsern Weg gegangen.

Nicht weil rein zu bleiben ich vermochte,
Als wär' vor dem Herrn ich eine Kerze,
Bin mit euch im Staube ich gekrochen
Vor der blut'gen Puppe eines Henkers.

Nein! Und unter keinen fremden Himmel,
Fremden Fittich floh ich vor Gefahr,
Stand zu meinem Volk, bin dort geblieben,
Wo mein Volk zu seinem Unglück war.

Wen wundert's, daß der unbeugsame Vers
Oft anklingt an den Totenglockenton...
Wie einsam hier! Von meinen Lesern lebt
Ein Großteil schon jenseits des Phlegethons.
Und ihr, o Freunde! seid an Zahl so klein,
Daß ihr mir täglich, stündlich näher kommt.
Wie kurz ist eben jener Weg, der einst
Viel länger schien als alle Wege sonst.

Februar 1958 · Bolschewo

Was habt ihr das Wasser verpestet,
Mit Unrat mein Brot untermischt?
Zur Lasterhöhle entfremdet,
Was letzte Freiheit ist?
Weil ich das bittere Scheiden
Der Freunde in Ehren hielt,
Weil meiner traurigen Heimat
Ich treu verbunden blieb?
Mag sein. Ohne Richter und Henker
Darf der Dichter nicht leben heute.
Mit Kerzen, in Bußgewändern
Müssen wir gehen und heulen.

1935

Fort sind alle, und keiner kam heim,
Nur aus Treue bist du, als mein Letzter,
Mit dem Blick kurz zurückgeschweift,
Um den Himmel verbluten zu sehen.
Verdammt war das Haus und die Wirrsal,
Das Lied klang vergeblich zarter,
So daß zu dem schrecklichen Schicksal
Nicht aufzuschauen ich wagte.
Das schuldlose Wort war entweiht,
Getreten das heilige Verbum,
Blutböden fegte ich rein
Im Jahr siebenunddreißig mit Schwestern.
Mein einziger Sohn war verbannt,
Meine Freunde gefoltert in Kerkern,
Die Beschattung war unsichtbar,
Aber dicht wie ein Zaun von Staketen.
Man hat mich mit Stummheit belohnt,
Verflucht vor der ganzen Welt,
Verleumdungen waren mein Brot
Und Gift mein Alltagsgetränk.
Doch als ich am äußersten Rand stand,
Hat man mich dort einfach vergessen.
Als Stadtverrückte bekannt,
Streif' ich gern über Todesplätze.

Scherben

You cannot leave your mother an orphan
James Joyce

1
Ich, der Feuer und Wasser entzogen,
Die vom einzigen Sohne getrennt...
Auf der schändlichen Bühne der Sorge,
Unterm Thronbaldachin steh' ich fremd...

2
Hast dich sattsam gestritten, du Streithahn,
Bis zum Flachland am Fluß Jenissej...
Vagabund und Verschwörer, so heißt es,
Doch für mich ist's der Sohn, er allein.

3
Siebentausendunddrei Kilometer...
Daß die Mutter dich ruft, hörst du nicht
In dem Dickicht von Unbill und Elend,
Beim Geheul des eisigen Winds.
Dort verwilderst, vertierst du, mein Lieber,
Du mein Letzter und Erster, du – unser.
Ein verlorener Frühling streicht ziellos
Um mein Grab, das in Leningrad dunkelt.

4
Wem hab' ich's verraten und wann,
Warum halt' ich's vor keinem verborgen,
Daß der Sohn im Lager verkam,
Meine Muse zerschunden, verdorben.
Ich bin schuldig viel mehr als all jene,
Die waren und sind und sein werden,
Es gereicht mir zu großer Ehre,
Mich in Irrenhaussälen zu quälen.

5
Ein erbeutetes Tier, hängt ihr mich
Auf den blutigen Haken, damit
Alle Ausländer ungläubig grinsend

Mich umringen und sogleich berichten
In den angesehensten Blättern
Vom Versiegen poetischer Gabe,
Daß dem Dichter der Dichterältsten
Nun die dreizehnte Stunde schlage.

Die andern gehn mit den Lieben –
Ich schau ihnen neidisch nicht nach.
Fast ein halbes Jahrhundert sitz' ich
Allein auf der Anklagebank.
Ringsum Streitereien, Gedränge
Und ein süßlicher Tintengeruch.
Bei Kafka stehn solche Mären,
Charlie Chaplin hat sie entpuppt.
In dieser großen Bedrohung,
Gleich den Fängen des Traumgesichts,
Haben alte und junge Geschworne
Befunden: Schuldig bin ich.
Es wechseln des Konvois Hüter,
Im Infarkt liegt der Anwalt, der sechste ...
Und anderswo dunkelt vor Schwüle
Die riesige Himmelsdecke,
Und der Sommer, von Anmut voll,
Ergeht sich am drüberen Strand ...
Doch dies selige »anderswo«
Übersteigt meine Vorstellungskraft.
Ich bin taub von den gellenden Flüchen,
Abgewetzt meine Wattejacke.
Bin auf diesem Planetenrücken
Ich denn schuldiger als ihr alle?

Aus dem Zyklus

Epische Fragmente

Der heiligen Heimat Haine waren ferne,
Das Häuschen, wo die Muse weinend träumte;
Ich, Heitere und Stille, lebte leise
Auf niedrer Insel, die gleich einem Damm
Hinausstrebt in das prächtige Newadelta.
O winterliche, heimnisvolle Tage,
Geliebte Arbeit, leichte Müdigkeit,
Und Rosen im geschwellten Wasserkruge!
Die Gasse, wenig lang, war voller Schnee,
Und vor der Tür stieg auf die Altarwand
Des Doms der heiligen Jekaterina.
Wie früh des Morgens trat ich aus dem Hause
Und schritt des öftern durch den frischen Schnee,
Vergeblich meine Spur von gestern suchend,
Den Fluß entlang, wo Nachen, Tauben gleich,
Sich aneinander zärtlich, zärtlich drängten,
Vom grauen Strande bis zum Frühling träumend,
Und kam allmählich zu der alten Brücke.
Da ist ein Zimmer, einem Bauer ähnlich,
Ganz unterm Dach in einem lauten Hause,
Wo er beim Malen wie ein Zeisig pfiff
Und heiter klagte, oder auch bekümmert
Von nicht erkannter Freude zu mir sprach.
Wie in den Spiegel blickte ich voll Unruh
Aufs graue Lein; mit jeder neuen Woche
War seltsamer und bitterer mein Ähneln
Mit meiner Darstellung in ihrer Neue.
Heut weiß ich nicht, wo weilt der liebe Künstler,
Mit welchem ich aus hellblauer Mansarde
Durchs Fenster auf das Dach hinausgetreten,
Die Welt zu sehn, die Newa und die Wolken,
Doch fühl ich, daß sich unsre Musen freund sind
In sorgloser und träumerischer Freundschaft,
Wie junge Mädchen, die noch nicht geliebt.

1914/16

Auf dem Smolenka-Friedhof

Ihr alle, die ich hier auf Erden angetroffen,
Seid des vergangenen Jahrhunderts hingewelkte Saat!
. . . .
Hier endet alles: die Dononschen Festbankette,
Intrigen, Würden, Girokonten und Ballette...
Auf mürbem Sockel eine Adelskron, vereint
Mit einem rost'gen Engelchen, das trockne Tränen weint.
Der Osten lag in unerforschter Ferne weit
Und grollte drohend wie ein Feind, vom Westen wehte
Der dünkelhafte Geist viktorian'scher Zeit.
Konfetti flog. Es heulte der Cancan...

1942 · Djurmen

Ich geh' dahin, wo wir nichts mehr erwarten,
Wo, der uns lieb war, nur als Schatten weht,
Wo still im Windhauch liegt ein stummer Garten
Und wo der Fuß auf kalter Stufe steht.

»NORDISCHE ELEGIEN«

Alles sei deinem Andenken zum Opfer gebracht.
Puschkin

Die erste
Vorgeschichte

Ich lebe jetzt nicht dort...
Puschkin

Das Rußland Dostojewskis. Fast ein Viertel
Des Mondes ist vom Glockenturm verdeckt.
Die Kneipen stehen offen, Kutschen sausen,
Fünfstöckig wachsen Häuser in die Höhe
In der Gorochowaja und am Smolnyj.
Tanzschulen überall und Wechselstuben,
Daneben »Henriette«, »Basile«, »André«,
Und luxuriöse Särge von Schumilow.
Im übrigen hat wenig sich verändert.
Nicht ich nur, viele haben es bemerkt:
Die Stadt sieht manchmal aus wie eine alte
Lithographie – nicht grade erste Klasse,
Doch durchaus wertvoll und hübsch zu betrachten,
So etwa aus den siebziger Jahren stammend.
  Besonders winters, vor dem Morgengrauen
  Und wenn der Abend dämmert. Vor dem Haustor
  Liegt der Litejnyj – dunkel, hart, schnurgrade,
  Noch nicht verschandelt durch den Jugendstil.
  Da drüben in dem Hause wohnt Nekrassow,
  Dort Saltykow... Je eine Ehrentafel
  Erzählt von ihnen. Schrecklich wär' es beiden,
  Sich so geehrt zu sehn! Ich geh' vorüber.

Ganz anders sieht's in Staraja Russa aus.
Entlang den breiten Straßen üppige Gräben
Und in den Gärten halb verfallne Lauben.
Das Fensterglas ist schwarz wie ein Verlies,
Und hinterm Fenster, scheint's, passieren Dinge,
Die man nicht gern von nahem sehen möchte;
Und Stellen gibt's, wo's einen nicht gelüstet,
Den Schleier des Geheimnisses zu heben
(Und Optina ist heute ja verödet...).

Rauschende Röcke und karierte Plaids,
Nußbaumgerahmte Spiegel, die sich weiden

Am Glanz der Schönheit der Karenina;
In engen Korridoren die Tapeten,
Die wir in unsrer Kindheit einst bewundert
Im gelben Lichte der Petroleumlampe,
Und auf den Sesseln noch der gleiche Plüsch...
  Nicht mehr die alte, adlige Kultur,
  Zufällig alles, eilig, irgendwie...
  Väter und Ahnen nicht mehr zu verstehen;
  Das Land verpfändet. Doch in Baden-Baden
  Spielt man Roulette und lebt wie eh und je.

Und eine Frau mit tief, tief blauen Augen
(So tief und blau, daß man, blickt man hinein,
Sich unbedingt ans Meer erinnern muß),
Mit seltnem Namen und mit weißer Hand
Und einer Herzensgüte, die ich gleichsam
Von ihr als Erbschaft übernommen habe –
Ein Erbstück, unnütz meinem harten Leben...

Das ganze Land von Fieberfrost geschüttelt.
Der Omsker Sträfling aber hat dies alles
Verstanden und mit all dem Schluß gemacht.
Und jetzt wird er dies alles neu gestalten,
Wird schweben über dem Tohuwabohu,
Wie Gottes Geist einst schwebte überm Wasser.
Die Uhr schlägt Mitternacht, die Feder kratzt,
Und viele seiner Seiten sind durchtränkt
Von dem Geruche des Semjonow-Platzes.

Das ist die Zeit, die wir uns ausgesucht,
Vom süßen Nicht-Sein in das Sein zu treten,
Um zuzuschauen einem solchen Schauspiel,
Wie es die Welt vor uns noch nicht gesehen.

3. September 1940 · Leningrad
Oktober 1943 · Taschkent

Die zweite

Da ist sie, diese herbstgeprägte Landschaft,
Die ich mein Lebtag so gefürchtet habe:
Der Himmel wie ein Abgrund, feuerflammend;
Der Lärm der Stadt unendlich fern und fremd,
Als ob ich ihn vom Jenseits her vernähme.
Es ist, als sei nun plötzlich alles das,
Wogegen ich gekämpft in meinem Innern
Mein Leben lang, nun selbst erwacht zum Leben
Und habe sich in diesen blinden Mauern
Jetzt inkarniert, in diesem schwarzen Garten...
Mir war's in diesem Augenblick, als schaue
Das Haus, in dem so lange wir gewohnt,
Mir nach, das Auge bös zusammenkneifend:
Das ist das Fenster, das ich nie vergesse.
Die fünfzehn Jahre stellten sich, als wären
Es fünfzehnhundert Jahre aus Granit.
Doch auch ich selbst – ich war ja wie Granit.
Jetzt flehe nur, zerreiß dich, nenne mich
»Meerkönigin«. Nein, laß! Es ist egal...
Doch mußte ich mich selber vergewissern,
Daß alles dies schon – ach, wie oft! – geschehen,
Und nicht mit mir allein, nein – auch mit andern,
Sogar viel schlimmer. Nein, nicht schlimmer: besser.
Und meine Stimme sagte aus dem Dunkel
(Und dieses war am allerschrecklichsten):
»Mit welchem Lied hast du vor fünfzehn Jahren
Doch diesen Tag begrüßt, hast du die Himmel,
Den Chor der Sterne und die Wasserströme
Doch angefleht, sie sollten mit dir jubeln
Über den Tag, an dem du den getroffen,
Von dem du heute fortgegangen bist...
Das ist sie also, deine Silberhochzeit!
So lade denn die Gäste! Schmück dich! Juble!«

März 1942 · Taschkent

Die dritte

... Mich hat, wie einen Fluß,
Die eherne Epoche abgeleitet.
Man hat das Leben mir vertauscht. Hineingeströmt
Ist's in ein fremdes Flußbett, und vorbei
An fremden Ufern fließt es – nicht den meinen.
Wie manches Schauspiel habe ich versäumt,
Wie mancher Vorhang hat sich ohne mich
Gehoben und ist ohne mich gefallen.
Wie viele Freunde hab' ich nie getroffen,
Wie viele Silhouetten alter Städte
Hätten zu Tränen mich erschüttern können;
Doch *eine* Stadt nur kenn' ich auf der Welt
Und finde tastend sie im Schlafe noch.
Und wieviel Verse hab' ich *nicht* geschrieben,
Und ihr geheimer Chor schweift um mich her
Und wird vielleicht mich eines Tages noch
Ersticken ...
Anfänge sind mir wohl bekannt und Enden,
Das Leben nach dem Ende und noch etwas,
Woran ich mich jetzt lieber nicht erinnre.
Und eine Frau hat *den* Platz eingenommen,
Den einzigen, der mir, nur mir gebührte,
Und trägt jetzt meinen legitimsten Namen.
Mir ließ sie jenen Namen, unter dem
Die Welt mich kennt, aus dem ich dann vielleicht
Gemacht hab', was man daraus machen konnte;
Und nicht in *mein* Grab werd' ich, ach!, mich legen.
. . . .
Doch wenn ich irgendwoher schauen würde
Auf dies mein Leben, das ich heute lebe,
Dann wüßt' ich endlich, was das heißt: zu neiden.

2. September 1945 · Leningrad

Die vierte

Erinnerungen haben drei Epochen.
Die erste gleicht dem Tag, der gestern war.
Die Seele ruht in seligem Gedenken
Wie unter eines Domes hoher Wölbung,
Der Leib wie in dem Schatten eines Baumes.
Noch starb das Lachen nicht, noch fließen Tränen,
Der Tintenfleck ist noch nicht weggewischt
Vom Tisch, noch brennt der Abschiedskuß im Herzen,
Der unvergeßliche, ein treues Siegel...
Doch dieses währt nur eine kurze Zeit...
Schon fühlst du kein Gewölb mehr über dir:
In düstrer Vorstadt ein verlaßnes Haus,
Wo's kalt im Winter und im Sommer heiß ist,
Wo Spinnenweben in den Ecken hängen
Und dicker Staub auf allen Möbeln liegt,
Wo Briefe, einst mit Leidenschaft geschrieben,
Allmählich blasser werden und vermodern,
Wo langsam die Porträts gewechselt werden,
Wohin die Menschen wie zum Friedhof gehen
Und, heimgekehrt, sorgfältig sich die Hände
Mit Seife waschen, eine flücht'ge Träne
Von müden Wimpern tief aufseufzend wischen...
Jedoch – die Uhren ticken, und ein Frühling
Folgt auf den andern, rosig wird der Himmel,
Sogar die Städte ändern ihren Namen,
Die Zeugen des Vergangnen sterben weg,
Mit denen man geweint hat und mit denen
Gemeinsam man der alten Zeit gedachte.
Und langsam gehn die Schatten von uns fort,
Die wir nun auch schon gar nicht weiter rufen,
Da ihre Rückkehr uns nur schrecklich wäre.
Und eines Tags erwachen wir und sehen,
Daß wir sogar den Weg vergessen haben
In jenes alte und verlaßne Haus.
Mit Scham im Herzen und uns selber zürnend
Laufen wir hin, doch (wie's im Traum geschieht)

Ist dort jetzt alles anders: Andre Menschen
Und andre Wände, und die Dinge anders,
Und niemand kennt uns mehr, wir sind dort Fremde!
Wo sind wir hingeraten...? Ach, mein Gott!
Und dann kommt jenes bitterste Erlebnis,
Wenn uns bewußt wird: Was vergangen ist,
Es hätte nicht mehr Platz in unsrem Leben,
Und es ist uns beinah so fremd geworden
Wie unsrem Wohnungsnachbarn nebenan;
Wenn uns bewußt wird, daß wir unsre Toten
Nicht mehr erkennen würden und daß die,
Von denen uns das Schicksal hat geschieden,
Auch ohne uns zurechtgekommen sind,
Und sogar besser...

5. Februar 1945 · Leningrad

Die fünfte

Und nichts war da von ros'gen Kindheitsjahren...
Von Sommersprossen, Teddybären, Löckchen,
Von guten Tanten und von schlimmen Onkeln,
Selbst nicht von Freunden im Geröll am Ufer.
Von Anfang an ist es mir vorgekommen,
Ich sei ein Traum, von jemandem geträumt,
Ein Fieberwahn, der einen Kranken quält,
Ein Spiegelbild in einem fremden Spiegel,
Ein Wesen ohne Namen, ohne Fleisch,
Das ursachlos in dieser Welt sich findet.
Schon kannte ich die Liste der Verbrechen,
Die zu begehen mir beschieden war.
So ging ich als Schlafwandlerin umher,
Trat ein ins Leben und erschreckte es:
Es breitete sich vor mir wie die Wiese,
Auf welcher einst Proserpina gewandelt;
Vor mir, der Unbehausten, Ungeschickten,
Öffneten Türen sich, ganz unerwartet:
Aus denen Menschen traten, welche riefen,
»Sie ist gekommen, sie ist selbst gekommen!«
Ich schaute sie erstaunten Blickes an
Und dachte: »Sind die denn verrückt geworden?«
Je mehr, je stärker mich die Leute lobten,
Je stärker sie von mir begeistert waren,
Um desto schrecklicher ward mir das Leben,
Und desto stärker wünscht' ich zu erwachen
Und wußte: Hundertfältig werd' ich zahlen
Im Irrenhaus, im Grabe, im Gefängnis,
Überall dort, wo schreckensvoll erwachen
Leute wie ich – doch weiter ging die Folter
Des Glücks...

4. Juli 1955 · Moskau

Die sechste*

(1)

In jenem Haus zu leben, war sehr schrecklich.
Patriarchalisch brannte zwar das Feuer
Uns im Kamin; mein Kind lag in der Wiege,
Wir waren beide jung und voller Pläne...
Und dennoch schwand nicht dies Gefühl der Furcht.
Ich lernte über diese Furcht zu lachen:
Vom Weine ließ ich einen Tropfen übrig
Und einen Krümel Brot für den, der nächtens
An unsrer Türe kratzte wie ein Hund,
Der zu uns in das niedre Fenster schaute.
Verstummend mühten wir uns nur um eins:
Nicht sehen, was sich hinterm Spiegel tut;
Nicht fragen, unter wessen schweren Schritten
Die Stufen unsrer dunklen Treppe stöhnten,
Als flehten sie um Schonung jammervoll.
Du fragtest (und sehr seltsam war dein Lächeln):
Wen tragen *sie* die Treppe da hinunter?

Jetzt bist du, wo man alles weiß, so sprich:
Was lebte außer uns in diesem Hause?

* Dieses Gedicht bringen wir in zwei verschiedenen Übertragungen.

(2)

In jenem Hause war das Leben schlimm,
Und nicht des Herds altväterisches Feuer,
Noch unsres kleinen Kindes Wiegenbettchen,
Noch daß wir beide jung gewesen sind
Und von Ideen voll . . . .
. . . . und der Erfolg
Von unsrer Schwelle nicht um einen Schritt
Die ganzen sieben Jahre weichen wollte –
Hat das Gefühl der Angst vermindern können.
Ich hab' gelernt, es langsam zu belächeln,
Hab' Brosamen und einen Tropfen Wein
Gespart für den, der nächteweise kam
Und an der Türe scharrte wie ein Hund,
Der durch das tiefgelegne Fenster spähte,
So daß wir lang nach Mitternacht versuchten,
Nicht wahrzunehmen, was das Glas verriet
Und unter wessen schwerfälligen Schritten
Der dunklen Treppe Stufentritte stöhnten,
Als flehten traurig klagend sie um Gnade.
Du hast mich seltsam lachend dann gefragt:
Wen tragen *die* aus unsrer Stiege fort?

Jetzt bist du dort, wo alles klar ist, sag:
Was hat in jenem Hause noch gewohnt?

1921 · Zarskoje Selo

POEME

Am Ufer des Meeres

1

Buchten schnitten ins niedrige Ufer.
Alle Segel waren aufs Meer gefahren.
Ich aber trocknete die salzigen Haare,
Eine Werst vom Lande, auf flachem Steine.
Ein grüner Fisch kam zu mir geschwommen,
Eine weiße Möwe kam zu mir geflogen,
Und ich war verwegen, boshaft und fröhlich
Und wußte gar nicht, daß dies das Glück sei.
Im Sande vergrub ich mein gelbes Kleidchen,
Vor dem Wind es zu bergen und vor strolchenden Dieben,
Und schwamm hinaus in die Weite des Meeres,
Und lag auf dunklen, warmen Wogen.
Wenn ich dann heimkam, strahlte der Leuchtturm
Schon sein wechselndes Licht im Osten.
Und der Mönch am Tore von Korsun
Sagte zu mir: »Was strolchst du nächtens?«

Die Nachbarn wußten: Ich spüre das Wasser;
Und wollten sie einen Brunnen graben,
So riefen sie mich, den Platz zu finden,
Damit sie sich nicht vergeblich mühten.
Ich sammelte Kugeln französischer Gewehre,
Wie man Pilze sammelt und Heidelbeeren,
Und brachte nach Hause im Schoße des Kleides
Rostige Splitter schwerer Bomben
Und sagte zornig zu meiner Schwester:
»Werd' *ich* einst Zarin, so bau' ich
Sechs Panzerkreuzer
Und sechs Kanonenboote,
Daß sie die Bucht mir beschützen
Bis zum Fiolenter Hafen.«
Und bevor ich zu Bett ging, sprach ich
Ein Gebet zur dunklen Ikone,
Daß kein Hagel die Kirschen zerschlage,
Große Fische ins Netz uns gingen

Und daß kein listiger Stromer
Mein gelbes Kleid mir stehle.

Mit den Fischern pflegte ich Freundschaft.
Unter umgekipptem Boote saß ich
Oft mit ihnen im Regen zusammen,
Hörte aufmerksam zu, wenn vom Meer sie erzählten,
Jedem ihrer Worte heimlich glaubend.
Und auch die Fischer mochten mich gerne.
War ich einmal nicht im Hafen zu finden,
So schickte der Älteste mir ein Mädchen,
Das rief: »Unsre Leute sind zurückgekommen!
Komm! Wir wollen jetzt Schollen braten!«

Grauäugig war ein schlaksiger Junge,
Länger als ich, doch ein halbes Jahr jünger.
Einmal brachte er weiße Rosen:
Nach Muskat duftende weiße Rosen.
»Darf ich wohl«, so fragte er schüchtern,
»Ein Weilchen mit dir auf den Steinen sitzen?«
Ich lachte ihn aus: »Wozu mir die Rosen?
Sie stechen mich doch nur schmerzhaft!« – »Aber«,
Antwortete er, »was soll ich denn machen,
Wenn ich mich so in dich verliebt hab'?«
Das war für mich beleidigend: »Dummkopf«,
Fragte ich ihn, »bist du denn ein Zarewitsch?«
Er war ein Junge mit grauen Augen,
Jünger als ich: ein halbes Jahr jünger!
»Ich will dich später heiraten«, sprach er,
»Denn schon bald bin ich erwachsen,
Und dann fahr' ich mit dir nach Norden ...«
Der schlaksige Junge begann zu weinen,
Weil ich seine Rosen nicht wollte
Und nicht mit ihm in den Norden fahren.

Schlecht nur verstand ich ihn zu trösten:
»Bedenk es – ich werde doch Zarin!
Da taugst du mir nicht zum Manne!«
Er sagte: »Dann geh' ich eben ins Kloster,
Werde Mönch dort bei euch in Korsun.«

»Nein! Tu das nicht! Denn weißt du: Die Mönche –
Machen ja weiter nichts als sterben.
Kommst du hin, so begraben sie einen,
Und dabei weinen die übrigen nicht mal!«

Der Junge ging fort ohne Abschied,
Nahm mit die duftenden Rosen,
Und ich – ich ließ ihn gehen,
Sagte nicht: »Ach bleib noch ein bißchen!«
Der geheime Schmerz der Trennung
Stöhnte auf als weiße Möwe
Über der wermutduftenden Steppe,
Über dem öden, toten Korsun.

2

Buchten schnitten ins niedrige Ufer.
Im Dunst ging die Sonne unter im Meere.
Aus einer Höhle trat mir entgegen
Eine Zigeunerin, winkte mich zu sich:
»Was läufst du barfuß herum, meine Schöne?
Bald wirst du fröhlich, bald wirst du reich sein.
Einen vornehmen Gast erwarte vor Ostern;
Vor dem vornehmen Gaste wirst du dich neigen;
Nicht durch deine Schönheit, nicht durch Liebe,
Allein durch dein Lied wirst den Gast du locken.«
Ich gab der Zigeunerin als Lohn mein Kettchen,
Und das goldene Kreuz, bei der Taufe empfangen,
Ich dachte voll Freude: »Das ist er, der Liebe,
Hat zum ersten Mal Kunde von sich gegeben.«

Doch vor Erregung hört' ich auf, zu lieben
All meine Buchten und meine Höhlen;
Ich erschreckte nicht mehr im Schilf die Nattern
Brachte nicht Krabben mehr mit nach Hause;
Aber ich ging durch die Schlucht im Süden
Hinter die Weingärten in den Steinbruch –
Lang war der Weg und weit zu gehen.
Und oft kam es vor, daß mich die Hausfrau

Vom neuen Vorwerk zu sich winkte,
Von ferne rief: »Komm herein, laß dich bitten!
Alle sagen, du brächtest das Glück mit.«
Ich erwiderte: »Glück mitbringen
Tun Hufeisen nur und der Mond, wenn er neu ist
Und von rechts dir schaut in die Augen.«
Ich mochte nicht gern in Zimmer gehen.

Von Osten wehten trockene Winde,
Große Sterne fielen vom Himmel,
In der Kirche wurden Litaneien gebetet
Für die Matrosen, die aufs Meer jetzt fuhren,
Schirmquallen kamen in die Bucht geschwommen,
Schimmerten blau in der Tiefe des Wassers
Gleich Sternen, die bei Nacht ins Meer gefallen.
Wie am Himmel die Kraniche schreien,
Wie unruhig die Zikaden zirpen,
Wie die Soldatenfrau singt ihren Kummer –
All dies war vertraut meinem feinen Ohre;
Nur solch ein Lied wußt' ich nicht zu singen,
Daß der Zarewitsch bei mir bliebe.
Ein Mädchen sah ich jetzt oft im Traume,
In engen Armringen, kurzem Kleide,
Mit weißer Flöte in kühlen Händen.
Still setzt sie sich hin, und lange schaut sie,
Und sie fragt mich nicht nach meinem Kummer
Und sagt mir nichts von ihrem Kummer,
Streichelt nur zärtlich meine Schulter.
Wie soll der Zarewitsch mich aber erkennen?
Weiß er denn etwa, wie ich ausseh'?
Wer zeigt ihm den Weg zu unserem Hause,
Unsrem alten Haus – weitab vom Wege?

Dem Herbste folgten die Regen des Winters,
In der guten Stube zog's von den Fenstern;
Der Efeu hing welk an der Gartenmauer.
Auf unsren Hof kamen fremde Hunde,
Heulten vorm Fenster bis zum Morgen.
Eine schwere Zeit war es meinem Herzen.

Flüsternd sprach ich, zur Türe schauend:
»Herr Gott, weise werden wir herrschen,
Werden bauen am Meere große Kirchen,
Und hohe Leuchttürme werden wir bauen.
Behüten werden wir Wasser und Erde,
Niemand wird Kränkung von uns erleiden.«

3

Plötzlich ward's still auf dem dunklen Meere
Heimkehrten die Schwalben zu ihren Nestern,
Die Erde ward rot vom blühenden Mohne,
Und fröhlich wurde es wieder am Meere.
In *einer* Nacht kam zu uns der Sommer –
Frühling hatten wir nicht gesehen.
Und ich hörte völlig auf, zu befürchten,
Ich könne mein Schicksal verfehlen.
Aber am Abend vor Palmsonntag
Kam ich aus der Kirche und sagte zur Schwester:
»Da, nimm meinen Rosenkranz und meine Kerze,
Unsere Bibel lass' ich zu Hause.
In einer Woche wird es Ostern,
Schon lange muß ich mich fertigmachen –
Gewiß ist schon unterwegs der Zarewitsch.
Er kommt her übers Meer, mich heimzuholen.«
Stumm wunderte sich die Schwester der Worte,
Sie seufzte nur auf, sie dachte der Rede
Jener Zigeunerin an der Höhle.
»Was bringt er dir mit? Ein schönes Geschmeide?
Kostbare Ringe mit blauen Steinen?«
»Nein«, sagte ich, »wir können nicht wissen,
Welch ein Geschenk er mir bereitet.«

Ich war mit der Schwester gleichen Alters,
Und so sehr ähnelten wir einander,
Daß unsre Mutter uns als Kinder
Am Muttermal nur unterscheiden konnte.
Von Kind auf konnte die Schwester nicht gehen,
Stets mußte sie liegen, wie eine Puppe;

Aber auf niemanden war sie zornig,
Und sie stickte ein Tuch vom Leiden Christi.
Im Schlaf noch träumte sie von ihrer Arbeit;
Ich selber hörte bei Nacht sie flüstern:
»Blau wird der Mantel der Gottesmutter...
O Gott, woher bekomm' ich die Perlen
Für die Tränen des Jüngers Johannes...?«
Der Hof war bewachsen mit Melde und Minze,
Das Eselchen rupfte das Gras an der Pforte,
Auf der Chaiselongue, aus Korb geflochten,
Lag meine Lena mit müßigen Händen,
Ständig sich sehnend nach ihrer Arbeit –
Doch an solchem Festtag wär' arbeiten Sünde.
Und der salzige Wind aus Korsun brachte
Zu uns den Klang der Osterglocken.
Jeder Schlag hallte wider im Herzen,
Lief mit dem Blut durch alle Adern.
»Lenotschka«, sagte ich zu der Schwester,
»Ich gehe jetzt weg, gehe fort zum Ufer.
Wenn er kommt, der Zarewitsch, mich zu holen,
So erklär ihm den Weg und sag, wie er gehn muß.
Mag er mich einholen draußen, im Freien,
Mich zieht es heute hinaus zum Meere.«
Die Augen halb öffnend fragte die Schwester:
»Wo denn hast du das Lied können hören,
Mit dem du locken willst den Zarewitsch?
Denn in der Stadt bist du ja niemals,
Und *hier* singt man doch andere Lieder!«
Ich neigte ganz nah mich zu ihrem Ohre
Und sagte flüsternd: »Weißt du, Lena,
Ich habe doch selber ein Lied ersonnen:
Ein besseres gibt's auf der ganzen Welt nicht.«
Aber sie glaubte mir nicht, und lange,
Lange schwieg sie, im Herzen mich tadelnd.

4

Die Sonne lag auf dem Grunde des Brunnens,
Auf den Steinen wärmten sich Tausendfüßler,
Das fliegende Gipskraut, vom Winde getrieben,
Schnitt Gesichter wie der Bajazzo,
Aber der Himmel flog auf in die Höhe:
Blau wie der Mantel der Gottesmutter –
So blau war er nie zuvor gewesen.
Leichte Jachten kamen von Süden,
Bei den Konstantins-Batterien drängten
Die weißen Segel sich in Menge –
Man sah es –, der Wind war ihnen jetzt günstig.
Die Bucht ging ich langsam entlang bis zur Spitze
Zu den schwarzen, zerklüfteten, scharfen Felsen,
Die während der Flut weißer Schaum bedeckte,
Und ich sang immer wieder mein Lied, das neue.
Ich wußte: Wie immer der Zarewitsch auch komme,
Er hört meine Stimme und gerät in Verwirrung.
Und deswegen war ein jedes der Worte
Mir teuer und lieb – eine Gottesgabe.
Die erste Jacht kam herangeflogen;
Ihr nachzujagen, versuchte die zweite;
Die anderen waren kaum zu sehen.
Ich erinnre mich nicht, wie ich mich am Wasser
Niederlegte und sank in Schlummer.
Da fahr' ich empor, und siehe: Ein Segel
Plätschert, mir nahe, und ein riesiger Alter
Steht vor mir, bis zum Gürtel im Wasser,
Suchend tastet er mit den Händen
In den tiefen Spalten der Felsen am Ufer.
Mit heiserer Stimme ruft er um Hilfe.
Laut begann ich, ein Gebet zu sprechen,
Das, als ich klein war, die Mutter mich lehrte,
Daß ich im Traume kein Schreckbild sähe,
Daß unsrem Hause kein Unheil sich nahe.
Kaum sagt' ich die Worte: »Du, mein Beschützer!«,
Da seh' ich entsetzt in den Händen des Alten

Etwas Weißes – das Herz erstirbt mir:
Der Matrose trug *den* auf seinen Armen,
Der die fröhlichste, schnellste Jacht gesteuert,
Und legte ihn auf die dunklen Steine.

Lange wagt' ich mir selbst nicht zu glauben,
Ich biß meine Finger, um aufzuwachen:
Schmuck und freundlich lag mein Zarewitsch,
Lag still und schaute hinauf zum Himmel.
Grüner als das Meer waren diese Augen,
Dunkler war'n sie als unsre Zypressen.
Und ich – ich sah diese Augen erlöschen...
Besser, ich wäre blind geboren.
Er stöhnte und schrie kaum verständliche Worte:
»Schwalbe, o Schwalbe, wie schwer muß ich leiden!«
Gewißlich erschien ich ihm als ein Vogel.

Im Dämmerlicht kehrt' ich zurück nach Hause.
In unsrem Zimmer war's still und dunkel,
Und über der Lampe stand das Flämmchen
Hoch und schmal und himbeerfarben.
Lena sagte, meine Schritte hörend:
»Der Zarewitsch ist nicht gekommen,
Ist nicht gekommen, dich zu holen,
Bis zur Vesper hab' ich auf ihn gewartet,
Habe Kinder geschickt zum Hafen.«
»Nimmermehr kommt er, mich zu holen,
Nimmermehr, Lena, kehrt er wieder!
Gestorben ist heute mein Zarewitsch.«
Lange bekreuzigte sich die Schwester,
Drehte zur Wand sich, verharrte im Schweigen.
Ich erriet es, daß Lena weinte.

Ich hörte den Chor überm Zarewitsch singen:
»Christ ist erstanden von den Toten« –
Und von unsagbarem Licht erstrahlte
Die runde Kirche.

1914

Requiem

Ich ließ mich nicht von meiner Heimat scheiden,
Floh in die Fremde nicht vor der Gefahr.
Ich blieb bei meinem Volk in seinem Leiden,
Blieb, wo mein Volk zu seinem Unglück war.

April 1957

Statt eines Vorwortes

In den schrecklichen Jahren des Justizterrors unter Jeshow habe ich siebzehn Monate mit Schlangestehen in den Gefängnissen von Leningrad verbracht. Auf irgendeine Weise »erkannte« mich einmal jemand. Da erwachte die hinter mir stehende Frau mit blauen Lippen, die meinen Namen natürlich niemals gehört hatte, aus jener Erstarrung, die uns allen eigen war, und flüsterte mir ins Ohr die Frage (dort sprachen alle im Flüsterton):
»Und Sie können dies beschreiben?«
Und ich sagte:
»Ja.«
Da glitt etwas wie ein Lächeln über das, was einmal ihr Gesicht gewesen war.

1. April 1957 · Leningrad

Widmung

Hügel müssen fallen, Berge weichen,
Flüsse stauen sich vor diesem Leid.
Doch von keinem Mitleid zu erreichen
Sind die Stätten, wo Gefangne bleichen
In des Todes Hoffnungslosigkeit.
Ob am Morgen frische Winde wehen,
Ob die Sonne glüht im Untergang:
Uns gilt nur, wie sich die Schlüssel drehen,
Wie Soldaten auf und nieder gehen
Schweren Schritts den Korridor entlang. –
Aufgestanden früh, vor Morgengrauen,
Atemlos vor Furcht und Angst und Schmerz,
Treffen wir uns, die verhärmten Frauen,
Als noch überm Fluß die Nebel brauen –
Und noch immer hofft das arme Herz.
Dann das Urteil – und die Tränen fließen.
Schon will niemand mehr ihr nahe sein.
Leben, qualvoll aus der Brust gerissen...
Als ob Fäuste sie zu Boden stießen...
Doch sie geht, sie schwankt, sie ist allein.
Die ihr seit den zwei verfluchten Jahren
Unfreiwillig mir verbunden seid –
Alles Leid, das *jenen* widerfahren,
Trugt ihr mit in langen zwanzig Jahren:
Euch sei dies als Abschiedsgruß geweiht.

März 1940

Einführung

Damals galt nicht der Tod als Verhängnis,
Nein: das Leben in Leningrad.
Real war hier nur das Gefängnis,
Wesenlos die übrige Stadt.
Die Verurteilten zogen in langen
Kolonnen in Reih und Glied,
Und die Lokomotiven nur sangen
Kurz pfeifend ein Abschiedslied.
In den Sternen stand Tod und Verderben,
Rußland wand sich in Qual und Weh.
Unter Fußtritten ließ man uns sterben
Im Gefangnen-Transport-LKW.

1.

Früher Morgen war's, als sie dich holten.
Die Kinder weinten vor Schreck.
Ich folgte dir wie einem Toten.
Die Kerze zerfloß im Eck.
Eiskalt deine Lippen, die blauen,
Schweiß des Todes auf deinem Gesicht.
Wie einst die Strelitzenfrauen
Werd' ich heulen beim Blutgericht.

1935

2.

Stille fließt der stille Don.
Gelb tritt in das Haus der Mond.

Schaut in alle Winkel keck:
Sieht: Ein Schatten sitzt im Eck.

Eine Kranke muß das sein,
Eine kranke Frau, allein.

Tot der Mann, im Grabe schon,
Im Gefängnis sitzt der Sohn.

Diese kranke Frau bin ich.
Betet, schreit zu Gott für mich!

3.

Nein – das bin nicht ich, das ist eine andere, die da leidet.
Ich könnte das nicht so. Aber das, was geschehen ist,
Sollen schwarze Tücher bedecken,
Und man soll die Lampen wegtragen . . .
Nacht.

4.

Ahntest du wohl, du geistreiche Spötterin,
Von so vielen geliebt und begehrt,
Du von all deinen Freunden Vergötterte,
Was dir noch das Leben beschert?!
Daß in endloser Schlange du stehen wirst
Vor Kresty, in der Hand ein Paket,
Daß die Nacht du mit Tränen begehen wirst,
Da das Jahr zu Ende geht.
Übers Los der Gefangenen schweigen sich
Die trostlosen Wände aus.
Nur die Äste der Pappeln neigen sich . . .

5.

Vor siebzehn Monaten begann
Mein Leid, mein Kampf um *ihn.*
Ich flehte seinen Henker an,
Lag vor ihm auf den Knien.
Die Welt verdunkelt sich vor mir,
Blind tappe ich herum:
Ist dies ein Mensch? Ist das ein Tier?
Bringt man den Sohn mir um?
Was blieb, sind staub'ge Blumen nur
Und Weihrauchduft und eine Spur
Ins Nirgends – fern, so fern.
Toddrohend, grad ins Aug mir schaut
– So hell, daß es dem Herzen graut –
Ein ungeheurer Stern.

1939

6.

Wochen fliehn mit irrer Schnelle.
Was geschah? Ich fass' es nicht,
Wie der weißen Nächte Licht,
Sohn, dich fand in dunkler Zelle.
Und jetzt sind sie wieder da,
Deine Seele auszulaugen,
Schaun mit heißen Habichtsaugen,
Künden Kreuz und Golgatha.

1939

7. Das Urteil

Und nun ist das Wort aus Stein gefallen
Auf die immer noch lebend'ge Brust...
Macht nichts! Ich werd' fertig mit dem allen.
Ich war drauf gefaßt. Ich hab's gewußt.

Vieles ist mir jetzt zu tun vonnöten:
Meine Seele werde hart wie Stein;
Das Gedächtnis muß ich vollends töten,
Was geschehn ist, muß vergessen sein.

Und wenn nicht? ... Ich bin zu Tode bange.
Wie ein Fest sieht dieser Sommer aus.
Ach, ich ahnte es ja schon so lange:
Hell der Tag, verödet ist das Haus.

Sommer 1939

8. An den Tod

Du kommst ja doch einmal – so komme jetzt zu mir.
Ich kann mein Schicksal nicht mehr tragen.
Ich hab das Licht gelöscht. Ich öffne dir die Tür.
Erlöse mich von meinen Plagen.

Komm, wie es dir gefällt, wähl selber die Gestalt:
Komm als Geschoß, mit Gift geladen,
Komm als Bandit, der Lust hat an Gewalt,
Vergifte mich mit Typhusschwaden.

Komm mit dem Märchen, das du ausgedacht,
Behaupte schlicht, ich spioniere,
Schick, zu verhaften mich in dunkler Nacht,
Soldaten und Geheimdienstoffiziere.

Mir ist jetzt alles gleich. Es rauscht der Jenissej,
Der Nordstern sendet seine Strahlen.
Wenn ich im Geist den Glanz geliebter Augen seh,
So lindern sich die letzten Qualen.

19. August 1939 · Haus an der Fontanka

9.

Halb hüllt er schon die Seele ein,
Der Wahnsinn, läßt das Herz mir stocken,
Tränkt mich mit seinem Feuerwein,
Sucht mich ins dunkle Tal zu locken.
  Ich weiß es schon: Der Sieg gehört
  Dem Wahnsinn, er wird hier gewinnen.
  Schon weiß mein Geist, im Wahn verstört,
  Nicht mehr, was außen ist, was innen.
Und nichts von dem, was mir gehört,
Wird mitzunehmen er erlauben;
Mein Flehen läßt ihn ungestört,
Er wird mir alles, alles rauben:
  Selbst die Erinnrung an den Sohn,
  An sein Gesicht, versteint im Leiden,
  Ans letzte Treffen, als wir schon
  Gewußt, daß wir auf ewig scheiden.
Der Freunde Liebe nimmt er fort,
Den tiefen Schatten blühnder Linden,
Der Dichtung Klang und selbst *das* Wort,
In dem wir letzte Tröstung finden.

4. Mai 1940 · Haus an der Fontanka

10. Kreuzigung

»Weine nicht um Mich, Mutter,
Wenn Ich im Grabe bin.«

1
Die Engel rühmten Ihn, den Todesblassen,
Der Himmel brannte, als Sein Mund erblich,
Als Er zum Vater schrie, der Ihn verlassen,
Zur Mutter sagte: »Weine nicht um Mich!«

2
Händeringend klagte Magdalene,
Schmerzerstarrt sah man den Jünger stehn.
Doch zur Mutter – schweigend, ohne Träne –
Wagte niemand auch nur hinzusehn.

1940/43

Epilog

1

Ich kannte viele früh gewelkte Frauen,
Von Schrecken, Furcht, Entsetzen ausgeglüht.
Des Leidens Keilschrift sah ich eingehauen
Auf Stirn und Wangen, die noch kaum geblüht.

Ich sah manch junges Haar sich schnell verfärben,
Ein trübes Grau nahm Schwarz und Blond hinweg.
Ich sah manch frohes Lächeln plötzlich sterben –
In trocknem Lachen zitterte der Schreck.

Nun heb' ich zum Gebete meine Hand,
Nicht nur für mich: Für jede, die dort stand,
In Winterkälte und im Sonnenbrand,
An jener blindgewordnen roten Wand.

1940

2

Der Tag des Gedenkens ist wiederum da,
Ich seh' euch vor mir, wie ich damals euch sah:

Dich, die nur mit Mühe das Fenster erreicht,
Und dich, die du längst schon vom Tode gebleicht,

Und dich, die so schön, die so lieblich sah aus,
Die sagte: »Ich komme hierher wie nach Haus.«

Ich seh' euch, auch wenn mancher Name mir schwand
(Man riß uns das kleinste Papier aus der Hand!).

Ich habe für euch diesen Teppich gewebt
Aus dem, was ich damals gehört und erlebt.

Ich denke an euch überall, immerdar,
Vergesse euch auch nicht in neuer Gefahr.

Verstummt einst mein Mund, der zu sagen gewagt,
Was hundert Millionen nur schweigend geklagt,

Dann bitt' ich, daß *ihr* nun auch *meiner* gedenkt
Am Tage, an dem in das Grab man mich senkt.

Und will man dereinst mir ein Denkmal hier weihn,
So willige hiermit ich feierlich ein

Unter einer Bedingung: Dies Mal soll nicht stehn
Dort, wo ich die Sonne zuerst hab' gesehn –

Am Ufer des Meers, mir so nah, so verwandt,
Denn längst ist zerrissen zum Meere das Band;

Auch nicht in dem Park, den ich innig geliebt,
Wo ein Schatten, mich suchend, dem Gram sich ergibt –

Nein, hier, wo ich dreihundert Stunden einst stand,
Der Sohn hinter Mauern und Riegeln verschwand,

Daß auch noch im Tod ich ihn höre und seh',
Den schwarzen Gefangnen-Transport-LKW,

Noch zuknallen höre das schreckliche Tor
Und heulend im Jammer die Frauen davor.

Und fließt von den ehernen Wimpern mir dann
Der schmelzende Schnee, sieht's wie Tränen sich an.

Vom Zuchthaus her klingt mir das »Ruckediguh«,
Die Newa eilt rauschend dem Ozean zu.

März 1940

Die Melpomene des 20. Jahrhunderts

Was habt ihr das Wasser verpestet,
Mit Unrat mein Brot untermischt?
Anna Achmatowa

Als 1911 Anna Achmatowas Gedichte über Liebe und Trennung zum erstenmal erschienen, schenkte man ihnen zunächst nicht viel Aufmerksamkeit: Damals, zu Beginn des Jahrhunderts, schrieben viele literaturbeflissene Damen sentimentale Lieder und Romanzen. Bald darauf erkannten jedoch manche Leser, daß sie es mit etwas ganz Unerwartetem und Hervorragendem zu tun hatten: Die kleinen Liebesgeschichten schienen zwar einem lyrischen Tagebuch zu entstammen, waren aber neu in ihrer Aussage. Die Dichter des Symbolismus hatten die irdischen Dinge als bloße Schatten der unsichtbaren Substanzen betrachtet – hier nun ertönte eine frische, diesseitige Stimme; sie nannte jedes Ding bei seinem prosaischen Namen und ließ die Intonationen des Alltagsgesprächs in schlichten, keineswegs melodischen Versen erklingen.
1910 war das Jahr der Krise des russischen Symbolismus. In theoretischen Artikeln forderte die neue Generation Deutlichkeit, Logik, Verständlichkeit. Ossip Mandelstam, der mit Nikolaj Gumiljow und Anna Achmatowa zum Mitbegründer des Akmeismus* wurde, schrieb in seinem antisymbolistischen Manifest *Über die Natur des Wortes:* »Alles Vergängliche ist nur ein Gleichnis. Nehmen wir als Beispiel die Rose und die Sonne, das Täubchen und das Mädchen. Für den Symbolisten ist keiner dieser Begriffe von eigenständigem Interesse: Die Rose ist nur das Gleichnis der Sonne, die Sonne das Gleichnis der Rose, die Taube das Gleichnis des Mädchens, das Mädchen das Gleichnis der Taube und so weiter. Die Gestalten sind wie Bälge ausgeweidet und mit fremdem Inhalt ausgestopft. Anstatt des symbolistischen Walds der Entsprechungen bloß eine Kürschnerei.« Und Mandelstam fügt hinzu: »So weit führt der Berufssymbolismus ... Nichts ist mehr echt. Ein fürchterlicher Tanz symbolischer Entsprechungen. Ewiges Zublinzeln.

* Vom griechischen »akme« (Reife, Blütezeit). Eine literarische Bewegung, die eine klare, rationale Verskunst anstrebte.

Kein einziges klares Wort, nur Anspielungen und Verschweigungen. Das Mädchen weist auf die Rose, die Rose auf das Mädchen. Niemand will sich selber treu bleiben.«

Da erscheinen diese kleinen Gedichte (oder dramatischen Miniaturen), in denen alles anders ist: Die Substantive sind wörtlich, nicht metaphorisch zu verstehen, die Epitheta unzweideutig und konkret, die Gefühle voneinander isoliert, die Intonation ist lebensgetreu. Die Lyrik steht nun nicht mehr dem Lied, sondern der Prosa nahe. Die Gedichte werden kurz und intensiv, die Worte deutlich und selbständig. Es ist nicht mehr die Musik, die den Vers bestimmt, sondern das Sachliche, der Sinn, es sind die materiellen Eigenschaften des Gegenstands und des Wortes. Ein junger Kritiker, Nikolaj Nedobrowo, schrieb 1915, die lyrischen Miniaturen der Achmatowa seien vom mondänen Leben der Petersburger Salons weit entfernt: Diese Dichtung helfe der Wiederherstellung eines stolzen menschlichen Selbstgefühls«, sie gebe eine »heroische Beleuchtung« des modernen Menschen. »Wenn man die Verse der Achmatowa liest, empfindet man einen neuen Stolz auf das Leben und auf die Menschen.«

Diese Einschätzung schien vielen übertrieben oder auch grundsätzlich falsch zu sein: Wieso sollten solche Liebesminiaturen heroisch sein? Dies seien vielmehr kokette, gefallsüchtige Gedichte, die den Leser zu verführen trachteten.

Nedobrowo hatte jedoch recht: Dort, wo die meisten Leser nur Banales zu erkennen versuchten, entdeckte er die Anfänge einer großen tragischen Dichtung. Mit den Jahren vertiefte sich das tragische Element. Anna Achmatowa blieb die Sängerin der Liebe und der Trennung, wurde aber zugleich zur Stimme ihrer Generation. Als sie dann viel später, in den dreißiger Jahren, in den Gefängnissen von Leningrad Schlange stand, um etwas über ihren Sohn zu erfahren, der verhaftet, vielleicht schon tot war, wurde sie einmal von einer Unbekannten gefragt: »Und Sie können dies beschreiben?« Anna Achmatowa antwortete kurz: »Ja.« Das hat sie in ihrem *Requiem* getan: In kurzen, eindringlichen Versen, die ein einheitliches tragisches Poem bilden, spricht sie über die Schrecken ihrer Zeit, den Kummer der Mütter und der Frauen, die Verzweiflung der Unschuldigen, die blutigen Nächte der Konzentrationslager und Gefängnisse. Sie, die so oft die Zärtlichkeit besungen hatte, fand die notwendigen Worte, um über die apokalyptische Realität zu berichten – der tragischen Muse Melpomene stand sie näher als der Euterpe. In einem Gedicht sagt Anna Achmatowa von ihrer Muse:

Erwarte nachts ich sehnend ihr Erscheinen,
Dünkt mich, das Leben hängt an dünnem Band.
Ruhm, Jugend, Freiheit wollen nichtig scheinen
Vorm lieben Gast, der die Schalmei umspannt.
Nun tritt sie ein. Sie läßt den Schleier gleiten
Und richtet prüfend ihren Blick auf mich.
Ich frag': »Warst du es, die der Hölle Seiten
diktierte Dante?« Sie erwidert: »Ich.«*

Das Gedicht ist 1924 entstanden, als die Prüfungen erst begonnen hatten: Die Hölle, die nur auf eine danteske Art zu beschreiben war, stand noch bevor. Die Zeitgenossen lächelten: Sollte diese schöne Frau mit ihrem berühmten Profil und dem jugendlichen Stirnhaar der Dante unserer Zeit werden? Oft ist das Verständnis der Zeitgenossen begrenzt, und erst die nachfolgenden Generationen vermögen die Bedeutung eines Dichters ganz zu erkennen: Der lebendige Mensch steht der richtigen Einschätzung seines Werks im Wege. Anna Achmatowa war es bestimmt, unsterbliche Worte über die Tragödie der Epoche zu sagen. In einem Brief schrieb ihr Mann Nikolaj Punin, der 1942 im Krankenhaus lag und der von ihm geschiedenen Anna Achmatowa von seinen letzten Gedanken berichten wollte: »Vor dem Sterben habe ich keine Angst... Der Gedanke, daß es etwas Unsterbliches gibt und daß ich mitten drin sein werde, war so schön und so feierlich. Sie [Anna Achmatowa] schienen mir damals (und auch jetzt noch!) der höchste Ausdruck des Unsterblichen zu sein...«

Der höchste Ausdruck des Unsterblichen: so dachten viele schon zu Lebzeiten der Achmatowa.

Um die Tragödie ihrer Zeit in Worten ausdrücken zu können, mußte Anna Achmatowa sie bis zum Ende durchstehen. Diese schlanke, königlich-majestätische Frau schien für das Glück wie geschaffen zu sein, hatte aber alles nur erdenkliche Unglück erlebt.

* Deutsch von Maximilian Schick

Sie hatte die Schrecken zweier vernichtender Kriege erfahren. Ihr erster Mann, der Dichter Nikolaj Gumiljow, wurde wegen Teilnahme an einer konterrevolutionären Verschwörung im August 1921 erschossen. Ein anderer, den sie liebte – der Maler Boris Anrep –, wanderte in den Westen aus und wollte sie zu sich holen, sie aber war außerstande, ihr Land zu verlassen. In ihren Augen wäre es eine Schande gewesen, sich selber zu retten und ihr Volk, ihr Rußland im Stich zu lassen:

...mit den Händen, ohne jede
Erregung, schloß ich mein Gehör.
Daß die unehrenhafte Rede
Die bittre Seele nicht entehr.*

Ein dritter – der Kritiker Nedobrowo, dem sie mehrere erschütternde Gedichte gewidmet hatte – war 1919 im Alter von fünfunddreißig Jahren an der Schwindsucht gestorben. Ihr letzter Mann, Nikolaj Punin, mit dem sie fünfzehn Jahre lang gelebt hatte, war in den Schreckensjahren verhaftet und in ein Lager gesteckt worden. Ihr einziger Sohn, Lew Gumiljow, erlebte das gleiche Schicksal mehrmals: 1935 wurde er festgenommen, dann aus der Haft entlassen, 1938 wieder für einige Jahre inhaftiert, dann 1949 erneut inhaftiert, bis man ihn 1956 endgültig rehabilitierte. Für seine Mutter waren diese Jahre, in denen sie stets gewärtig sein mußte, daß der Sohn zum Tode verurteilt würde, ein unaufhörlicher Alptraum:

Nein, das bin nicht ich, das ist eine andere, die da leidet,
Ich könnte das nicht so...**

Und dann ruft sie den Tod:

Du kommst ja doch einmal – so komme jetzt zu mir.
Ich kann mein Schicksal nicht mehr tragen.
Ich hab' das Licht gelöscht. Ich öffne dir die Tür.
Erlöse mich von meinen Plagen...**

Alle Gefährten – einer nach dem anderen – verschwanden im Nichts... Ihr engster Freund Ossip Mandelstam verhungerte 1938

* Deutsch von Paul Wiens
** Deutsch von Ludolf Müller

in einem Konzentrationslager in der Nähe von Wladiwostok. Oft nennt sie die Namen der Freunde, aber es antwortet nur die Stille – so schreibt sie in einem späten Gedicht. Sie kommt sich selbst wie ein Schatten vor, der schon jenseits des Lethe ist...

Schließlich erlebte sie eine späte Liebe zu Isaiah Berlin, den sie 1946 kennenlernte. Der englische Philosoph und Historiker russischer Herkunft, der »Gast aus der Zukunft«, wie sie ihn öfters nannte, war damals Mitarbeiter der britischen Botschaft in Moskau. Anna Achmatowa war überzeugt, diese Begegnung hätte den Shdanow-Skandal von August 1946 und, als unmittelbare Folge, den neuen Terror ausgelöst.

Jedenfalls hat sie Berlin nie mehr in der Sowjetunion treffen können. Ihm sind ihre erschütternden Liebesgedichte der letzten zwanzig Jahre ihres Lebens gewidmet (wir bringen mehrere davon unter dem Titel »Für einen Gast aus der Zukunft«).* Als Anna Achmatowa im Jahre 1965 in Oxford mit Sir Isaiah zusammenkam, erklärte sie ihm, daß ihres Erachtens (dies berichtet Sir Isaiah) ihrer beider Begegnung (am 6. Januar 1946) den kalten Krieg und auf diese Weise eine entscheidende Wendung der Weltgeschichte heraufbeschworen habe.** Sowohl Isaiah Berlin als auch ihrer englischen Biographin Amanda Height*** gestand Anna Achmatowa, sie halte sich selbst und ihren britischen Freund für auserwählt, die kosmische Katastrophe auszulösen. Die beiden geben die Prophezeiungen der russischen Kassandra mit leichter Ironie wieder, aber vielleicht irrte sie sich nicht so grundsätzlich, wie es scheinen mag.

Während des Krieges engagierte sich Anna Achmatowa auf der Seite der Patrioten:

> Die Feindesfahne
> Verblaßt im Krieg.
> Unser – die Wahrheit,
> Unser – der Sieg.****

* In seinem Buch *Personal Impressions* hat Isaiah Berlin die Liste der ihm gewidmeten Gedichte aufgeführt (The Hogarth Press, London 1980, S. 210f.).

** Ebenda, S. 202.

*** Amanda Height, Anna Akhmatowa. A Poetic Pilgrimage. Oxford University Press, London 1976, S. 146.

**** Deutsch von K. Kneidt.

Sie war glücklich, mit ihrem Volk solidarisch sein zu können und ein gemeinsames Ziel mit ihm zu haben. Die Solidarität mit dem Staat war jedoch nicht von langer Dauer. Im August 1946 wurde der berüchtigte ZK-Beschluß getroffen, demzufolge Anna Achmatowa die Sowjetdichtung schändete; ihr wurde vorgeworfen, sie sei Nonne und Hure zugleich, und ihre lyrische Dichtung sei ein Hindernis beim Aufbau des Sozialismus. »Anna Achmatowa«, sagte der ZK-Ideologe Shdanow, »ist eine Vertreterin des prinzipienlosen reaktionären literarischen Sumpfs ... Was können die Werke der Achmatowa unserer Jugend an Belehrendem geben? Nichts, sie richten nur Schaden an. Diese Werke können nur Pessimismus, Niedergeschlagenheit, Trostlosigkeit säen, die Absicht einflößen, vor aktuellen Problemen des sozialen Lebens in die winzige Welt persönlicher Empfindungen zu flüchten ...«*
Gegen den Krieg konnte man ankämpfen, gegen den ZK-Beschluß hingegen nicht: Es blieb nichts anders übrig, als abzuwarten. Zehn Jahre später war der Spuk vorbei. Der Parteisekretär Andrej Shdanow war tot und vergessen. Auch Stalin war nicht mehr am Leben, und seine Gebeine wurden aus dem Lenin-Mausoleum entfernt. Anna Achmatowa hatte noch zehn Jahre vor sich. Ihr Sohn war heimgekehrt. Ihre Bücher konnten erscheinen, ein Teil ihres Lebenswerks *Poem ohne Held* (1940/62) wurde publiziert. Sie durfte sogar in den Westen reisen, um den Preis Etna-Taormina in Italien und das Ehrendoktorat in Oxford in Empfang zu nehmen. Zu spät kam das alles. Glücklich konnte sie nie mehr werden. Eines ihrer letzten Erlebnisse war die Verurteilung ihres Schülers und jungen Freundes Jossif Brodski zu fünf Jahren Zwangsarbeit – wegen Schmarotzertum (natürlich war er ein Schmarotzer – er dichtete Lyrik). Sie schrieb damals:

Verlöscht ist meine stolze Fackel,
Doch Gott bewahre mich vorm Los,
Zu sehn des Unglücks goldnen Makel
Auf junger Stirn, noch faltenlos.**

* Andrej Shdanow, Vortrag über die Zeitschriften *Swesda* und *Leningrad*. Politisdat, Moskau 1946, S. 16f.
** Deutsch von K. Kneidt.

Vor diesem Los hat Gott sie nicht bewahrt: Sie starb, ohne getröstet zu sein, und mit dem Wissen, daß ein Großteil ihres Werks dem Vergessen preisgegeben war – bis zum heutigen Tage sind das *Requiem*, ein Teil des *Poems ohne Held* und zahllose Gedichte von der Sowjetzensur verboten. Doch zweifelt heute niemand mehr daran, daß der Name Anna Achmatowa in einer Reihe steht neben den bedeutendsten Namen der Literatur unserer Zeit. Boris Pasternak hatte mit Recht 1943 in einer Zeitungsbesprechung über die Achmatowa geschrieben:

»Zwei blutige Kriege – ihre Spuren sind beinah auf jeder Buchseite zu sehen – und zwischen ihnen die berühmte Silhouette mit dem stolz erhobenen Kopf, das Leben und das Schaffen der unbiegsamen, ergebenen, aufrichtigen Tochter des Volkes und des Jahrhunderts, die gestählt, an Verluste gewöhnt und zu den Prüfungen der Unsterblichkeit mutig bereit ist.«*

Efim Etkind

* Anna Achmatowa, Gedichte. Briefwechsel. Erinnerungen. Ikonographie. Hrsg. von Ellendea Proffer. Ardis Press, Ann Arbor 1977, S. 86 (in russischer Sprache).

Anmerkungen

5 *Der Abend: André Theuriet,* 1833–1907: französischer Lyriker, von den Dichtern des *Parnasse* beeinflußt. Übersetzung des Mottos: »Die Blume der Weinrebe wächst, und ich bin an diesem Abend zwanzig geworden.«

6 *Braun der Knabe und streift durch Alleen ...*
Alexander Puschkin (1799–1837), der berühmteste Lyriker Rußlands, war Schüler im Gymnasium von Zarskoje Selo (heute heißt diese kleine Stadt bei Leningrad Puschkin).
Parny: Evariste Parny (1753–1814), französischer Dichter, den der junge Puschkin hochschätzte.

13 *Der Rosenkranz*
»Im März 1914 erschien mein zweites Buch: *Der Rosenkranz*. Es war nach knapp sechs Wochen vergriffen. Anfang Mai klang die Petersburger Saison aus, und die Stadt leerte sich allmählich. Diesmal war es eine Trennung von Petersburg auf ewig. Wir kehrten nicht mehr nach Petersburg zurück, sondern nach Petrograd – aus dem 19. Jahrhundert unvermittelt in das 20. Alles war anders geworden, selbst das Äußere der Stadt. Man sollte meinen, das Bändchen Liebeslyrik eines jungen Autors wäre in den welthistorischen Ereignissen untergegangen. Doch die Zeit wollte es anders« (Anna Achmatowa, *Kurze Autobiographie,* 1965).

24 *Von dem Dichter eingeladen ...*
Das Gedicht ist dem Lyriker Alexander Blok (1880–1921) gewidmet.
An der Newa Meerestor: Blok wohnte in Petersburg unweit des Hafens. Anna Achmatowa widmete Blok mehrere Gedichte; in ihrem *Poem ohne Held* (1940/62) ist Blok eine der Hauptpersonen (»der tragische Tenor der Epoche« in den Worten Achmatowas).

25 *Die weiße Schar*
»Den Sommer verbrachte ich stets im ehemaligen Gouvernement Twer, fünfzehn Werst von Beshezk entfernt. Eine reizlose Gegend: auf hügeligem Gelände gleichmäßige Quadrate gepflügter Felder, Mühlen, Bruchwiesen, trockengelegte Sümpfe, Torpforten, Getreide, Getreide. Dort habe ich sehr viele Gedichte der Bände *Der Rosenkranz* und *Die weiße Schar* geschrieben. *Die weiße Schar* erschien im September 1917. Diesem Buch gegenüber sind Leser und Kritiker ungerecht. Sie meinen, es hätte weniger Anklang gefunden als *Der Rosenkranz* Dabei wurde diese Sammlung unter noch unglücklicheren Umständen publiziert als die vorangegangene. Das Verkehrswesen war völlig zusammengebrochen. Nicht einmal nach Moskau konnte das Buch gelangen; es fand ausschließlich in Petrograd Verbreitung. Zeitschriften und Zeitungen hatten ihr Erscheinen eingestellt. So war es kein Wunder, daß der *Weißen Schar* im Unterschied zum *Rosenkranz* ein lebhafter Pressewiderhall versagt blieb. Hunger und Chaos wuchsen mit jedem Tag« (*Kurze Autobiographie,* 1965). Das Motto stammt aus einem Gedicht von Innokentij Annenski (1856–1909).

28 *Statt der Weisheit – Erfahrung, ein ekliges ...*
Walentina S. Sresnewskaja war eine der engsten Freundinnen von Anna Achmatowa, von der Schulzeit bis zum Tod (vgl. das Gedicht S. 129).

29 *Geheime Grenzen gibt's im menschlich engsten Bund ...*
Gewidmet dem Kritiker und Dichter Nikolaj Nedobrowo (1884–1919), der 1915 den ersten ausführlichen Artikel über Anna Achmatowa geschrieben hatte. Achmatowa sagte über ihn, er habe sie zu drei Viertel gemacht.

30 *Im leeren Haus, unterm frostigen Dach ...*
Der Psalmist ist der biblische König David.

31 *Das gibt's doch irgendwo: das schlichte Sein ...*
Granitne Stadt: Petersburg.

32 *Gebet*
Geschrieben zu Beginn des Ersten Weltkriegs und gedruckt im Sammelband *Der Krieg in der russischen Dichtung* (Petrograd 1915).

34 *Wie gelb und breit der Abend steht ...*
Gewidmet dem Maler, Bildhauer und Kritiker Boris Anrep (1883–1969). Anna Achmatowa lernte ihn 1915 bei Nedobrowo kennen. 1916 ging er als Botschaftssekretär nach London. Anrep schuf den Mosaikboden der Londoner Nationalgalerie und, unter anderem, das Bildnis der Achmatowa *(Compassion)*.

34 *Bist du tot oder lebst noch auf Erden ...*
Für Boris Anrep, der damals in den Karpaten als Reiteroffizier eingesetzt war.
Der mich der Qual übergeben ...: Gemeint ist Nikolaj Gumiljow (1886–1921), der erste Mann der Achmatowa.

35 *Wie tief im Brunnen weiße Steine liegen ...*
Für Boris Anrep; wahrscheinlich anläßlich seiner Abfahrt nach London.

40 *Der irdische Ruhm zerstiebt ...*
Zu Bronze geworden: Gemeint ist das Puschkin-Denkmal in Moskau.

41 *Es ist klar, es ist ganz einfach ...*
Für Boris Anrep.
Fortzugehn in fremde Lande: Anrep forderte Anna Achmatowa auf, sie solle zu ihm nach England kommen.

43 *Am Hals die Perlen aufgereiht ...*
Dieses Gedicht wurde zuerst 1914 unter dem Titel *Die Dame in Lila,* später mit der Überschrift *Im Spiegel* publiziert.

43 *Den ganzen Tag, vorm eignen Stöhnen bangend ...*
Das Gedicht handelt von den Julitagen 1917 in Petrograd (3.–5. Juli), als die Truppen der Provisorischen Regierung 400 aufständische Arbeiter erschossen.

44 *Als unser Volk in Selbstmordtrauer ...*
Dieses Gedicht, in dem sich Anna Achmatowa weigert, in die Emigration zu gehen, soll eine Antwort an Boris Anrep sein.

46 *Petrograd, 1919*
Der ursprüngliche Titel lautete: *An die Mitbürger.*

49 *Der schwarze Traum*
Dieser Zyklus ist Wladimir Schilejko (1891–1930) gewidmet, Anna Achmatowas zweitem Mann, mit dem sie von 1918 bis 1921 verheiratet war. Schilejko war Orientalist und Lyriker.

56 *Nun ist alles geplündert, zerrissen ...*
Natalija Rykowa (1897–1928) war die Freundin der Achmatowa und die Frau des Professors Grigorij Gukowski.

57 *Dunkelheit, die Angst wühlt in den Sachen ...*
Geschrieben nach der Hinrichtung Nikolaj Gumiljows.

59 *Nein, du wirst nicht wieder wach ...*

Wahrscheinlich auf den Tod von Nikolaj Gumiljow (das Datum hat Anna Achmatowa wahrscheinlich mit Absicht gefälscht).

61 *Verleumdung*
Die beiden Daten beziehen sich auf die alte und die neue Zeitrechnung.

62 *Wiegenlied*
Für Lew Gumiljow, den Sohn der Dichterin.
Deinem Väterlein: dem erschossenen Dichter Nikolaj Gumiljow (mit absichtlich gefälschtem Datum).

65 *Das Schilf*
Das Motto stammt von Boris Pasternak.

68 *Die einen scherzen in der Nacht und küssen ...*
Das Gedicht ist dem Andenken des im Dezember 1919 verstorbenen Nikolaj Nedobrowos gewidmet.

68 *Nicht mein Herz an dich zu geben ...*
Gewidmet Nikolaj Punin (1883–1953), ihrem dritten Mann, Professor für Kunstgeschichte.

72 *Meine jungen Hände ...*
Tsushima: der Hafen, in dessen Nähe die russische Marine 1905 die schlimmste Niederlage im Russisch-Japanischen Krieg erlitten hatte.
Pawlowski-Bahnhof: Hier fanden Konzerte statt.
Beim Babolow-Schlosse: Dieses Schloß aus dem 18. Jahrhundert befindet sich im Nordteil des Zarenparks von Zarskoje Selo.

73 *Der Keller der Erinnerung*
In der Handschrift steht als Motto: »O Keller der Erinnerung. Chlebnikow«.

75 *So fliegen die dunklen Seelen zur Ruh ...*
Eabani (richtig: Enkidu): eine der Hauptgestalten im altorientalischen Gilgamesch-Epos.

80 *Leningrad im März 1914*
Am Menschikowschen Hause: ein Palast, den sich Menschikow, Minister Peters des Großen, am Newakai errichten ließ.
cadran solaire: Sonnenuhr.

86 *Berufsgeheimnisse*
Das neunte, Ossip Mandelstam zugeeignete, Gedicht aus diesem Zyklus bringen wir im *Totenkranz,* S. 136f.

86 *Über Verse*
Wladimir Narbut (1888–1944): Lyriker, stand den Akmeisten nah. Wurde 1937 verhaftet und erst 1957 rehabilitiert.

89 *Der Epoche, gesenkt in die Erde ...*
Geschrieben nach der Besetzung von Paris durch die Nationalsozialisten.

90 *Der Schatten*
Das Gedicht besingt Salome Andronikowa, eine berühmte Petersburger Schönheit aus den Vorrevolutionsjahren; man nannte sie den »Strohhalm« (russisch: Solominka).

93 *Todesvögel stehn in der Luft ...*
Geschrieben zu Beginn der Leningrader Belagerung.

95 *Nox*
Während der Blockade wurden die Statuen aus dem Sommergarten des ehemaligen Zarenpalastes in die Erde vergraben.

98 *Verlöscht ist meine stolze Fackel ...*
Gewidmet dem Lyriker Jossif Brodski (geb. 1940).

102 *Cinque*
Dieser Zyklus und die nachfolgenden Gedichte sind Sir Isaiah Berlin gewidmet. Der Titel *Für einen Gast aus der Zukunft* stammt vom Herausgeber. Übersetzung des Mottos: Und so wie du, so wird bestimmt auch er beständig / Und treu sein bis zum Todestag (deutsch von Sigmar Löffler).

104 *Die Heckenrose blüht*
Übersetzung des Mottos: Und du bist fern unter den Menschen.

113 *Mitternächtliche Verse*
Das Motto ist dem Achmatowa-Werk *Poem ohne Held* entnommen, dessen 2. Teil *Zahl* betitelt ist.

113 *Vorfrühlingselegie*
Übersetzung des Mottos: ... du, die du mich getröstet hast.

114 *Im Spiegelland*
Übersetzung des Mottos von Horaz: O Göttin, die du über dem seligen Zypern und über Memphis waltest.

122 *Musik*
Gewidmet dem Komponisten Dmitrij Schostakowitsch (1906–1976).

125 *Seiten aus Taschkent*
Gewidmet dem polnischen Maler Josef Czapski (geb. 1896), den Anna Achmatowa 1942 in Taschkent kennengelernt hatte.

126 *Alexander bei Theben*
Laut Plato ließ Alexander d. Gr. im Jahre 335 ganz Theben vernichten, mit Ausnahme des Hauses des Dichters Pindar.

128 *Die Heimaterde*
Das Motto stammt aus dem Band *Anno Domini* (»Bin nicht mit euch, die unsre Erde ...«, vgl. S. 48).

129 *W. S. Sresnewskaja zum Gedenken*
Siehe S. 199.

131 *Totenkranz*
Dieser Gedichtzyklus, dessen Titel vom Herausgeber stammt, blieb unvollendet.

133 *Der Lehrer*
Innokentij Annenski: siehe S. 199.

134 *Boris Pilnjak*
1894–1941; Schriftsteller, wurde 1937 verhaftet und hingerichtet, erst 1956 rehabilitiert.

135 *Michail Bulgakow*
1891–1940; Dramatiker und Prosaist; sein Hauptwerk, der große Roman *Der Meister und Margarita* (1928/40), den Anna Achmatowa wahrscheinlich gekannt hat, konnte erst 17 Jahre nach dem Tod des Autors und ein Jahr nach Achmatowas Tod erscheinen.

136 *Ossip Mandelstam*
1891–1938; enger Freund der Achmatowa, einer der Begründer des Akmeismus, wurde 1934 nach Tschardyn und später nach Woronesch verbannt. Mandelstam starb in einem KZ unweit von Wladiwostok.

138 *Nikolaj Punin*
1883–1953; Kunstwissenschaftler und Kritiker, der dritte Mann Anna Achmatowas. Achmatowa war von 1923 bis 1938 mit Punin verheiratet.

138 *Michail Soschtschenko*
1895–1958; Prosaist, Autor weltberühmter satirischer Kurzgeschichten; wurde

1946 verfolgt, aus dem Schriftstellerverband ausgeschlossen und 1953 wiederaufgenommen.

139 *Boris Pasternak*
1890–1960; einer der berühmtesten Lyriker des 20. Jahrhunderts, Autor des *Doktor Schiwago*, Nobelpreisträger von 1958, im selben Jahr aus dem Schriftstellerverband ausgeschlossen.

141 *Marina Zwetajewa*
1892–1941; Lyrikerin und Verfasserin zahlreicher Prosaschriften; verbrachte viele Jahre in der Emigration (1922/39); als sie nach ihrer Rückkehr keine Anerkennung fand, beging sie Selbstmord. Das Gedicht ist 20 Jahre nach ihrem Tod geschrieben.

144 *Prolog oder Der geträumte Traum*
Kurz vor ihrem Tod hatte Anna Achmatowa verschiedene zu diesem nie realisierten Drama gehörende Texte zusammengestellt und auf den Umschlag geschrieben: *Prolog (der geträumte Traum)*. 1965. Es ist der zweite Teil des Dramas *Enuma Elisch;* an diesem Liebesdialog nehmen zwei Stimmen teil: *Sie,* die als Somnambule schläft, und *Er,* der »Gast aus der Zukunft«.

146 *O Gott, ich kann all das, was mir geschieht, verzeihn ...*
Fragment. In Abteilung I sind die in der Sowjetunion veröffentlichten Gedichte enthalten, in Abteilung II (S. 150–157) die im Westen publizierten.

146 *Satan hielt Wort. Mir ist alles geglückt ...*
Im Manuskript stehen als Motto die Worte des Goetheschen Faust: »Werd ich zum Augenblicke sagen: ›Verweile doch, du bist so schön ...‹.«

147 *Nach dreiundzwanzig Jahren*
1940 hatte Anna Achmatowa ihr *Poem ohne Held* begonnen (abgeschlossen 1962), das genauso beginnt wie dieses Gedicht. »Du« ist hier wahrscheinlich die Hauptperson des Poems, die Freundin der Achmatowa und berühmte Tänzerin der Vorrevolutionszeit Olga Glebowa-Sudejkina (gestorben 1945 in Paris).

149 *Die bin ich nun. Ich wünsch' sie Ihnen anders ...*
Dulderin Marina: Am 31. August 1941 hatte sich Marina Zwetajewa in der kleinen sibirischen Provinzstadt Jelabuga erhängt; Anna Achmatowa erfuhr diese Nachricht erst viel später.

150 *Nach einem armenischen Motiv*
Dieses Gedicht behandelt ein autobiographisches Motiv: Anna Achmatowa versuchte bei Stalin die Rettung ihres verhafteten Sohnes Lew Gumiljow zu erwirken.

150 *Nicht umsonst denn haben wir gedarbt ...*
Die letzte Strophe dieses Gedichts dient als Motto zu dem Poem *Requiem* (S. 180: Dort bringen wir sie in einer anderen Nachdichtung).

153 *Scherben*
Ein unvollendeter Zyklus von Gedichten über das Los des Sohnes der Dichterin. Übersetzung des Mottos: Du darfst deine Mutter nicht als Waise hinterlassen.

156 *Epische Fragmente*
der liebe Künstler: Gemeint ist Nathan Altman (1889–1970), von dem ein berühmtes Porträt der Achmatowa stammt.

157 *Auf dem Smolenka-Friedhof*
Ein Friedhof in Leningrad, auf dem auch Alexander Blok begraben ist.
Dononschen: Donon hieß ein Restaurant in Petersburg.

Der Osten: Gemeint ist die Zeit vor dem Russisch-Japanischen Krieg von 1904/05.

159 *Nordische Elegien*

Die sieben Elegien sind ein autobiographischer Zyklus, der ursprünglich folgendermaßen gegliedert war: I. Vorgeschichte (Petersburg der neunziger Jahre). II. Die Jahre nach 1900 (Kindheit und Jugend). III. Zarskoje Selo (1912/40). IV. Das Haus an der Fontanka (1938). V.–VI. Die Nachkriegsjahre. VII. Der Epilog (nach 1946). Später wurde dieser Plan geändert.

160 *Die erste*

Gorochowaja: Straße in Petersburg.

am Smolnyj: unweit des Smolnyj-Klosters. Gemeint sind weit auseinanderliegende Stadtviertel, wo während der bürgerlichen Epoche viel gebaut wurde.

Litejnyj-Prospekt: eine der größten Straßen von Petersburg; an Häusern des Litejnyj sind die hier erwähnten Ehrentafeln angebracht: für Nikolaj *Nekrassow* (1821–1877), Lyriker und Herausgeber von berühmten Zeitschriften, und für Michail *Saltykow* (Saltykow-Schtschedrin, 1826–1889), satirischer Schriftsteller und Journalist.

Staraja Russa: südlich von Leningrad gelegene Kleinstadt, wo Fjodor Dostojewski *Die Brüder Karamasow* schrieb.

Optina (Optina pustyn): ein Kloster, in dem Dostojewski den Alten (Staretz) Ambrosius besucht hatte, der später zum Prototyp des Sossima in den *Brüdern Karamasow* wurde.

eine Frau ... Mit seltnem Namen: Gemeint ist die Mutter der Achmatowa, Inna Erasmowna Gorenko.

Der Omsker Sträfling: Dostojewski, der von 1850 bis 1854 in Omsk im Zuchthaus lebte.

Semjonow-Platzes: ein Platz in Petersburg, wo 1849 über Dostojewski und seine Freunde das Todesurteil verhängt, jedoch nicht vollstreckt wurde.

162 *Die zweite*

Die fünfzehn Jahre: von 1923 bis 1938, als Anna Achmatowa mit Nikolaj Punin verheiratet war.

163 *Die dritte*

Doch eine *Stadt:* Leningrad. Vor der drittletzten Zeile standen ursprünglich die folgenden Verse (deutsch von Uwe Grüning):

Doch manchmal lockt ein Schalk, der Frühlingswind,
Ein Wort, wahllos aus einem Buch gelesen,
Lockt irgendeines flücht'ges Lächeln mich
Jählings hinab ins nie gelebte Leben:
In jenem Jahr wär' das und das geschehen,
In diesem aber: reisen, sehen, denken
Und sich erinnern: wie in einen Spiegel
Hineinzugehn in eine neue Liebe,
Ach, mit der dumpfen Ahnung des Verrats
Und einem gestern noch verborgnen Fältchen...

166 *Die fünfte*

Die fünfte und die sechste Elegie kamen später als Ergänzungen hinzu; beide beziehen sich auf die Jahre von 1910 an.

167 *Die sechste*

In jenem Haus: in Zarskoje Selo, wo Anna Achmatowa noch 1913/14 mit Nikolaj Gumiljow wohnte (obwohl sie sich bereits 1912, nach der Geburt ihres Sohnes, getrennt hatten).

Jetzt bist du: Hier wird Gumiljow angesprochen, der im August 1921 erschossen wurde.

Die zweite Übertragung beruht auf einer früheren Fassung desselben Gedichts.

172 *Am Ufer des Meeres*

Eine autobiographische Verserzählung. In ihren Aufzeichnungen schrieb Anna Achmatowa: »Das war in Slepnjowo 1914. Und das hieß, daß ich mich von meiner Jugend in Cherson, von dem wilden Mädchen des Jahrhundertbeginns verabschiedet und den ehernen Schritt des Krieges vernommen hatte ... So wurde ich zu der Verserzählung *Am Ufer des Meeres* inspiriert ... Den Sommer verbrachte ich jedes Jahr am Ufer der Strelezker Bucht bei Sewastopol. Dort freundete ich mich auch mit dem Meer an. Doch am meisten beeindruckte mich damals das benachbarte alte Cherson.«

180 *Requiem*

Dieses 1935/43 geschriebene Poem wurde erst 1963 in München publiziert; in der UdSSR ist es bis heute verboten.

BIBLIOGRAPHIE DER WERKAUSGABEN IN RUSSISCHER SPRACHE

Der Abend. Gedichte. Vorwort von Michail Kusmin. St. Petersburg 1912

Der Rosenkranz. St.Petersburg 1913

Die weiße Schar. Petrograd 1917

Der Wegerich. Petrograd 1921

Anno Domini. Petrograd 1922

Aus sechs Büchern. Leningrad 1940

Auswahl. Herausgegeben von K. Selinski. Taschkent 1943

Gedichte 1909–1945. Moskau/Leningrad 1946 (nach der Shdanow-Rede wurde diese Gedichtausgabe vernichtet)

Ausgewählte Gedichte. Vorwort von A. Surkow. Moskau 1958

Requiem. München 1963

Lauf der Zeit. 1909–1965. Moskau/Leningrad 1965

Gesammelte Werke in 2 Bänden. Inter-Language Literary Associates, New York 1965/67, München ²1967/68

Auswahl. Herausgegeben von N. Bannikow. Moskau 1974

Gedichte und Poeme. Herausgegeben von Viktor Shirmunski. Leningrad/Moskau 1976 (die vollständigste Ausgabe)

Gedichte und Prosa. Herausgegeben von B. Drujan. Leningrad 1976 (eigentlich von Lidja Tschukowskaja herausgegeben, aber 1976 durfte ihr Name nicht mehr erwähnt werden)

Gedichte. Herausgegeben von N. Bannikow. Moskau 1977

Über Puschkin. Artikel und Notizen. Herausgegeben von Emma Gerstein. Leningrad 1977

VERZEICHNIS DER ÜBERSETZER

QUELLENVERZEICHNIS

1. Abendländische Lyrik. Von den Troubadours bis zum 20. Jahrhundert in deutschen Übertragungen. Herausgegeben und mit einem Nachwort von Erwin Laaths. Winkler, München 1969
2. Anna Achmatowa: Das Echo tönt. Gedichte. Limes, Wiesbaden 1964
3. Anna Achmatowa: Poem ohne Held. Poeme und Gedichte, russisch und deutsch. Herausgegeben von Fritz Mierau. Philipp Reclam jun., Leipzig 1979
4. Europäische Lyrik. 3 Bände. Band III. Progress, Moskau 1977
5. Euterpe von den Ufern der Neva oder die Ehrung Anna Achmatowas in Taormina. Bericht von Hans-Werner Richter. Friedenauer Presse, Berlin 1965
6. Johannes von Guenther: Neue russische Lyrik. Herausgegeben und übersetzt. Fischer-Bücherei, Frankfurt a. M./Hamburg 1960
7. Oktober-Land. 1917–1924. Russische Lyrik der Revolution. Herausgegeben von Edel Mirowa-Florin und Leonhard Kossuth. Verlag Volk und Welt, Berlin 1967
8. Sepp Österreicher: Wo fängt denn unsere Heimat an? Ausgewählte Nachdichtungen sowjetischer Poesie. Progress, Moskau 1973
9. Russische Gedichte über Gott und Welt, Leben und Tod, Liebe und Dichtertum. Wilhelm Fink, München 1979
10. Russische Lyrik. Gedichte aus drei Jahrhunderten. Ausgewählt und eingeleitet von Efim Etkind. R. Piper, München/Zürich 1981
11. Sternenflug und Apfelblüte. Russische Lyrik von 1917 bis 1963. Herausgegeben von Edel Mirowa-Florin (Gedichte) und Fritz Mierau (Nachdichtungen). Verlag Volk und Welt, Berlin 1964
12. Wort und Gestalt. Verlag der Kunst, Dresden 1958
13. Zeitschrift: Jar-Ptiza. Nr. 2, Berlin/Paris 1921

Wir danken allen Rechteinhabern, die uns, soweit wir sie ermitteln konnten, die freundliche Genehmigung zum Abdruck der Gedichte erteilt haben. Die Gedichte wurden den im Quellenverzeichnis genannten Titeln entnommen.

INHALTSVERZEICHNIS

AUS DEM BAND »DER ABEND«
1912

AUS DEM BAND »DER ROSENKRANZ«
1914

* Die Ziffern in Klammern verweisen auf das Quellenverzeichnis. Die Gedichte, die keinen Verweis tragen, wurden eigens für diese Ausgabe übertragen.

AUS DEM BAND »DIE WEISSE SCHAR« 1917

AUS DEM BAND »DER WEGERICH« 1921

AUS DEM BAND »ANNO DOMINI« 1921/22

I. NACH ALLEM

II. MCMXXI

AUS DEM BAND »DAS SCHILF« 1924/40

AUS DEM BAND »DAS SIEBENTE BUCH« 1936/64

AUS DEM BAND »FÜR EINEN GAST AUS DER ZUKUNFT«

AUS DEM BAND »TOTENKRANZ«

VERSCHIEDENES

»NORDISCHE ELEGIEN«

POEME

Lyrik bei Piper

Alte Wunder wieder scheinen
Gedichte der Romantik.
Herausgegeben von Walter Flemmer. Mit 10 Dichterporträts.
302 Seiten. Serie Piper 714

Jehuda Amichai
Wie schön sind deine Zelte, Jakob
Gedichte. Aus dem Hebräischen von Alisa Stadler, ausgewählt von Simon Werle, mit einem Nachwort von Christoph Meckel.
166 Seiten. Leinen

W. H. Auden
Anrufung Ariels
Ausgewählte Gedichte. Englisch / Deutsch.
Aus dem Engl. von Erich Fried, Hans Egon Holthusen, Ernst Jandl, Simon Werle. 153 Seiten. Serie Piper 842

Ingeborg Bachmann
Anrufung des Großen Bären
Gedichte. 79 Seiten. Serie Piper 307

Ingeborg Bachmann
Die gestundete Zeit
Gedichte. 63 Seiten. Serie Piper 306

Ingeborg Bachmann
Liebe: Dunkler Erdteil
Gedichte aus den Jahren 1942–1967.
61 Seiten. Serie Piper 330

Lyrik bei Piper

Jossif Brodskij
Einem alten Architekten in Rom
Gedichte. Aus dem Russ. von Karl Dedecius, Rolf Fieguth und Sylvia List. 122 Seiten. Serie Piper 506

Diether Dehm
Unschuld kommt nie zurück
Lieder und Gedichte. Mit einem Vorwort von Peter Maffey. 128 Seiten. Serie Piper 751

Uwe Dick
Theriak
13 Fügungen. Mit einem Essay von Eva Hesse. 172 Seiten. Serie Piper 564

Joseph von Eichendorff
Gedichte
Nach den Fassungen der Erstdrucke ausgewählt und mit einem Nachwort von Hans Dieter Schäfer. 134 Seiten. Serie Piper 844

Erklär mir, Liebe
Liebeslyrik deutscher Dichterinnen. Herausgegeben von Kurt Marian Wunder. 160 Seiten. Serie Piper 704

Ludwig Fels
Der Anfang der Vergangenheit
Gedichte. 118 Seiten. Geb.

Lyrik bei Piper

Gert Heidenreich
Eisenväter
Gedichte. 117 Seiten. Geb.

Georg Heym
Gedichte
Ausgewählt und mit einem Nachwort von Harald Hartung.
123 Seiten. Serie Piper 494

Friedrich Hölderlin
Hälfte des Lebens
Gedichte. Ausgewählt und mit einem Nachwort von Jürg Amann.
128 Seiten. Serie Piper 756

Robinson Jeffers
Unterjochte Erde
Gedichte. Übersetzung und Nachwort von Eva Hesse.
167 Seiten mit 15 Abb. Serie Piper 617

Barbara M. Kloos
Solo
Gedichte. 105 Seiten. Geb.

Günter Kunert
Lesarten
Gedichte der Zeit. 131 Seiten. Serie Piper 731

Edgar Lee Masters
Die Toten vom Spoon River
Aus dem Amerik. von Wolfgang Martin Schade.
Mit einem Nachwort von Fritz Güttinger. 258 Seiten. Serie Piper 504

Lyrik bei Piper

Eugenio Montale
Glorie des Mittags
Ausgewählte Gedichte. Italienisch/Deutsch.
Übertragen und mit einem Nachwort von Herbert Frenzel.
176 Seiten. Geb.

Eugenio Montale
Satura/Diario
Aus den späten Zyklen. Italienisch/Deutsch.
Übertragen und mit einem Nachwort
von Michael Marschall von Bieberstein.
190 Seiten. Geb.

Pier Paolo Pasolini
Gramsci's Asche
Gedichte. Italienisch/Deutsch.
Mit einem Nachwort von Michael Marschall von Bieberstein.
Aus dem Ital. von Toni Kienlechner.
192 Seiten. Serie Piper 313

Salvatore Quasimodo
Das Leben ist kein Traum
Ausgewählte Gedichte. Italienisch/Deutsch.
Übertragung und Nachwort von Giami Selvani.
69 Seiten. Serie Piper 696

Lutz Rathenow
Zangengeburt
Gedichte. 96 Seiten. Serie Piper 654

Lyrik bei Piper

Russische Lyrik
Gedichte aus drei Jahrhunderten.
Ausgewählt und eingeleitet von Efim Etkind.
575 Seiten. Serie Piper 770

Jaroslav Seifert
Der Halleysche Komet · Der Regenschirm von Piccadilly · Die Pestsäule
Gedichte 247 Seiten. Serie Piper 755

Marin Sorescu
Abendrot Nr. 15
Gedichte. Aus dem Rumänischen von Oskar Pastior.
123 Seiten. Geb.

Georg Trakl
Abendländisches Lied
Gedichte. Ausgewählt und mit einem Nachwort von Jürg Amann.
126 Seiten. Serie Piper 514

Giuseppe Ungaretti
Ich suche ein unschuldiges Land
Gedichte. Italienisch/Deutsch. Übertragung und Nachwort
von Michael Marschall von Bieberstein.
316 Seiten. Leinen

Lope de Vega
Wir leben in zwei Zeiten
Lieder und Romanzen. Herausgegeben von Erwin Walter Palm.
96 Seiten. Serie Piper 809

Piper 66/1 e

PIPER